人口结构变迁的政治效应

史猛◎著

当代世界出版社
THE CONTEMPORARY WORLD PRESS

图书在版编目（CIP）数据

人口结构变迁的政治效应／史猛著．－－北京：当代世界出版社，2023.9
ISBN 978-7-5090-1727-2

Ⅰ.①人… Ⅱ.①史… Ⅲ.①人口构成-政治学-研究 Ⅳ.①C922②D0

中国国家版本馆 CIP 数据核字（2023）第 164151 号

书　　名：	人口结构变迁的政治效应
出品人：	丁　云
策划编辑：	刘娟娟
责任编辑：	刘娟娟　魏银萍　徐嘉璐
装帧设计：	王昕晔
版式设计：	韩　雪
出版发行：	当代世界出版社
地　　址：	北京市东城区地安门东大街70-9号
邮　　编：	100009
邮　　箱：	ddsjchubanshe@163.com
编务电话：	（010）83907528
发行电话：	（010）83908410（传真）
	13601274970
	18611107149
	13521909533
经　　销：	新华书店
印　　刷：	英格拉姆印刷（固安）有限公司
开　　本：	710毫米×1000毫米　1/16
印　　张：	11.75
字　　数：	158千字
版　　次：	2023年9月第1版
印　　次：	2023年9月第1次
书　　号：	ISBN 978-7-5090-1727-2
定　　价：	69.00元

如发现印装质量问题，请与承印厂联系调换。
版权所有，翻印必究；未经许可，不得转载！

目　录

第一章　为什么需要探究人口结构的政治效应　/1
　　一、结构成为影响政治系统的关键人口变量　/1
　　二、人口结构类型及影响实例　/5
　　三、表现为结构不对称的政治新现实　/11
　　四、人口政治学学科缺位　/17

第二章　什么是人口结构的政治效应　/23
　　一、人口结构的政治效应分析范式的逻辑起点　/23
　　二、人口结构的政治效应分析范式的研究对象　/27
　　三、人口结构的政治效应分析范式的研究框架　/30
　　四、人口结构的政治效应分析范式的功能应用与逻辑推演　/33

第三章　老龄化制约西方民主政治　/37
　　一、世界范围的老龄化　/37
　　二、老龄化对人口结构及经济社会发展影响　/45
　　三、老龄化影响西方民主政治的国别分析　/63

第四章　"青年膨胀"的政治效应　/98
　　一、"青年膨胀"的内涵与人口学现状　/99
　　二、"青年膨胀"的发生机制　/115
　　三、"青年膨胀"政治效应的类型与案例　/132
　　四、"青年膨胀"发展趋势与应对措施　/144

第五章　人口国际迁移的政治影响　／149
　　一、国际移民现状与模式　／149
　　二、人口国际迁移的政治影响机制与案例　／157

结　　语　／179

第一章　为什么需要探究人口结构的政治效应

新的研究范式的产生在很大程度上源于解释新现象的需要。目前人口变迁已经成为影响政治发展的重要因素，不可忽视。人口是社会最基本的构成元素，因具备底层特性而素来被政治学所关注。但真正把人口和政治学结合起来，进行系统性的研究则晚于20世纪六七十年代，且存在研究薄弱、发展滞后等问题，目前勉强形成了具有学科属性的人口政治学研究范式。与此同时，半个多世纪以来，人口结构发生着剧烈变化。人口结构异化开始取代数量增长成为塑造社会变迁的主要变量，世界政治特别是西方民主政治出现了若干新现象，结构不对称成为突出特征。并且，一些不同寻常政治现象的发生都与人口结构变迁有着紧密联系，甚至在一些情况下人口结构变迁成为主导政治现象的外部力量。这样的背景凸显着在人口政治学基础上进一步聚焦的需求，从人口结构变迁视角探究政治新现实的发生机制就成为政治学的重大议题。

一、结构成为影响政治系统的关键人口变量

人是一种政治动物，反之，政治活动也是需要由人来实践的。人口作为社会发展的基础性因素，其变化发展势必将深刻影响政治系统的走向，认识政治系统的变化离不开对人口的讨论。由于人口规模和

结构变迁逐渐显著，人口因素影响政治系统的作用开始由间接向直接、由"懒惰"向"活跃"转变。目前，人口结构复杂化发展已经成为人口变迁的主要特征，结构也就成为影响政治系统的关键变量，甚至在一些情况下起到主导作用。

（一）人是最名副其实的政治动物

借用19世纪法国哲学家奥古斯都·孔德（1798—1857年）的名言——"人口即命运"——来认识人口变量对于政治系统的重要性是比较恰当的。[1] 尽管这种"决定论"的立场并不被大多数人所接受，但人口的重要性却不曾被忽视。人口是社会最基本的组成元素和推动社会变迁的内生变量，在任何时代都在社会系统中发挥基础性、平台性作用，其变迁在地方、国家、地区和全球多个层面的政治制度、经济与社会、外交关系中起着重要作用，并对发展趋势产生重大影响。作为社会构成的政治系统同样受制于人口变化。

一方面，人类天然具备政治属性。人类的发展进程是通过劳动促使生产力不断提高的过程，但是人类无法在孤立状态下满足自身发展，需要组成一定规模的团体进行劳动和生产。而组成团体并使团体运行起来的过程也就是人类参与政治生活、推动政治发展的过程。[2] 亚里士多德在《政治学》中就明确提到："人类自然是趋向于城邦生活的动物"，"人类在本性上，也正是一个政治动物。"[3] 城邦本身就是政治的具体化，探讨人与城邦的关系意在从人的本性角度强调人的政治属性。马克思通过对人类社会形成和演化过程的考察，总结出人的政治属性的根本来源在于社会劳动的分工和合作，是历史发展的必然产物，人类必须依赖政治团体而生存。正如马克思在《1857—1858年经济学手

---

[1] "Leaders: A Tale of Two Bellies; Demography in American and Europe", *The Economist*, August 24, 2002, p. 11.
[2] 冯馨蔚、郑易平：《马克思主义视域下人的政治学属性》，载《学海》，2019年第4期，第142—146页。
[3] 亚里士多德著，吴寿彭译：《政治学》，北京：商务印书馆，2009年版，第9页。

稿》导言中所指出的："人是最名副其实的政治动物，不仅是一种合群的动物，而且是只有在社会中才能独立的动物。"① 可见，政治属性是人的基本属性，人无法脱离政治活动而存在。

另一方面，政治系统的形成、运行与变化也离不开人的活动。政治作为一种社会现象与人的生产、生活、工作、学习密切相关，政治系统的基本实践主体是社会化的人，政治系统需要通过人的政治活动而存在和运行。诚如马克思所言："由此可见，事情是这样的：以一定的方式进行生产活动的一定的个人，发生一定的社会关系和政治关系……社会结构和国家总是从一定的个人的生活过程中产生的。"这里提到的"国家"就是人类政治现象的集中体现。总之，人口一直是影响人类社会发展的基础性力量，人口发展的诸多态势必将深刻影响政治系统的走向。认识政治系统的发展离不开对人口的讨论。

（二）结构异化开始取代数量增长

应该看到，绝大多数政治现象和政治发展背后都有人口因素的作用。只不过在很长时间内由于人口规模和人口结构变化并不显著，人口变量一直表现为隐藏式的"惰性"特征，与政治系统间接互动。比如，中国古代小农经济的极致发展与政策上的重农抑商互为表里，这使得大量人口维系在土地之上。然而，土地私有化和"人多地少"的现实必然导致土地兼并现象呈周期性爆发，并严重影响政治稳定。中国古代历次大规模农民起义都和土地兼并下的失地农民有关，严重者导致朝代更迭。而欧洲中世纪出现的具有民主性质的自治城市现象，也和商业得到进一步发展并出现一定规模的商人群体有着直接关系。

工业革命以后，生产力的快速发展使得以西欧为主的部分地区在人口规模和结构双重维度上率先出现变化。生活水平和卫生条件的改善降低了婴幼儿死亡率并延长了预期寿命，使得人口规模大幅增长。

---

① 马克思、恩格斯：《马克思恩格斯全集》(第四十六卷)(上)，北京：人民出版社，1975年版，第21页。

同时，工业革命所带动的机器大生产不仅使人口的社会阶层结构进一步复杂化，也促进了人口迁移，族群结构开始异质化发展。20世纪中叶以后，越来越多的国家步入人口变化行列。自此，世界范围内人口规模出现激增且人口结构复杂化发展的趋势，人口因素成为直接影响政治系统的"活跃"变量。比如，人口增长必然对资源提出相应要求，当资源难以满足人口增长需要时，就会引发相应冲突。并且，这种冲突不仅局限在个体层面或社会领域，很多情况下会延伸到政治领域。在相对落后、贫穷的地区，"人口爆炸"已经成为影响政治稳定的主要因素。举例来看，人口激增背景下对资源的争夺成为非洲暴力冲突不断的重要因素。在卢旺达，适合开垦的土地十分稀缺，每一块土地的开垦都伴随暴力冲突。1994年爆发的卢旺达大屠杀的一个重要导火索就是对稀缺土地资源的争夺。

此后，随着人口转变进程的程度加深与范围扩大，推动人口因素"活跃"的内部力量也由规模向结构转变。按照日本人口学家黑田俊夫的观点，始于20世纪中叶的"人口世纪"（1950—2050年），可以分成前50年规模快速增长和后50年结构持续改变两个阶段。[①] 当前，世界人口规模会在增长惯性带动下保持较长时间增长，预计将在2080年达到人口规模的顶点，约为104亿人。但人口增速会随着发展中国家完成人口转变进程而大幅下降。自1962年到1965年人口增长率达到峰值2.1%后持续下降，目前已经下降到1%以下。当下的人口规模增长情况与20世纪"人口爆炸"对政治系统的影响不可同日而语。并且，现代国家对人口规模具有较大包容性，政治制度的韧性也能够较好承接人口增长。

人口结构在人口转变进程中进一步复杂化，在年龄、性别、阶层、种族、地域、文化和宗教信仰等方面的变迁对基于特定人口结构而设计的政治制度产成一定压力，甚至挑战。如此，人口结构在政治领域

---

① 李建新:《人口变迁、人口替代与大国实力兴衰》,载《探索与争鸣》,2013年第5期,第4—9页。

的影响力将会持续增强,甚至在一些情况下起主导作用。比如,以竞争选举为核心的西方政治制度建立在广泛的民主共识基础上,社会条件比政体本身对民主政治更重要。而当下现实是,西方人口结构越来越复杂。横向来看,大批不同文化背景的移民持续迁入,造成不同文明之间的摩擦乃至冲突,西方民主制度赖以生存的主流文化的主体性在下降。纵向来看,金融资本主义主导下的新自由主义经济政策加速了社会贫富分化。金融危机、贸易战、新冠肺炎疫情等非常规事件叠加,导致一定程度上的中产滑落。差异越来越大的阶层偏好难以调和。如此,在具备不同价值观和利益格局的人口持续分化并造成社会冲突、削弱民主共识的情况下,竞争性选举不仅难以弥合分歧,反而会进一步加剧分裂。近些年的欧美选举则证实了这种判断。总之,人口结构已经成为影响政治系统的关键人口变量。

二、人口结构类型及影响实例

人口结构是以某一标准对全部人口作出区分后的各个组成部分的总体展现,是人口存在和运动的形式。按道理讲,任何一个能够区分人口特征的变量,都可以作为人口结构划分的标准。如此,人口结构可以无限地划分下去,并且都会或直接或间接、或多或少地对政治系统产生影响,讨论人口结构类型对政治系统的影响则成为一项无法完成的工作。不过,相比而言,有些人口结构类型与政治系统关系较为松散,需要其他中介才能对政治发展产生明显影响,比如文化结构、伤残结构等;而有些人口结构类型与政治系统关系紧密,其变动能够对政治发展产生深远影响,其中阶级、性别、民族、空间、宗教和年龄结构类型尤为突出。因此,本小节以上述六个与政治系统联系紧密的人口结构类型展开分析。

(一)阶级结构

阶级是与政治体系关系最为紧密的人口结构类型。不同的阶级受制于经济关系，会产生符合阶级特征的政治立场、意识形态、权利主张及社会心理。因此，阶级结构变迁可以塑造政治体系。比如，希腊城邦直接民主的产生很大程度上源于平民力量的壮大，尤其是依靠工商业富裕起来的平民有了权利主张却缺少相应的政治权利，进而作为一个阶级通过僭主来推翻贵族统治。相应的，那些别有用心的僭主们也因观察到了社会阶级变化以及由此衍生的权利主张，从而利用其反抗贵族寡头统治。再比如，英法两国政体的差异，除了意识、传统、历史、文化方面的原因，新兴资产阶级和封建势力的力量对比变化也是一个至关重要的原因。英国之所以保留君主制并使之在资本主义制度建立之初还发挥很大作用，很大程度上源于革命发生在新兴资产阶级势力还未壮大到能够彻底对抗封建势力的阶段，只能选择作一定的妥协。以苏联为代表的社会主义国家，无不是在无产阶级力量壮大到一定程度后，通过推翻资产阶级或封建势力甚至是帝国主义的统治和压迫而建立的。

上述三个不同时代、不同类型的例子是在阶级矛盾处于不可调和的情况下，凭借阶级斗争而发生的政权在不同阶级间的更迭。这是人口阶级结构对政治体系造成影响的最典型方式。但这一方式发生频率很低，只有在社会阶级矛盾达到不可调和程度的时候才会发生。通常情况下，人口阶级结构变迁对政治体系造成影响，更多的是在稳定的政权体系下发生的微观性调整。具有代表性的例子是英国工人阶级政治力量发展促使工党出现，并对政治发展产生影响。比较而言，微观性调整是人口阶级结构影响政治体系的常态。

此外，在阶级结构的大框架下，还存在"阶层"的概念，同样属于人口分类维度。一个社会可以简单地分成精英、中产和底层三个阶层，其中精英阶层基本处于一个规模小且稳定的状态，变化幅度不大。而中产阶层则是影响政治稳定的关键，按照亨廷顿的理念，处于成长阶段的中产阶层出于对政治权利的追求而表现出激进倾向，是破坏政治稳定的力量，而处于成熟阶段的中产阶层出于维护既得利益的目的则倾向于保守,是保障政治稳定的"压舱石"。对于底层民众来说,不论在经济收入还是政治权利方面都处于相对弱势的地位,这也就造成了底层民众常表现出抗争的情绪。比如,法国"黄背心运动"就是社会底层群体的街头政治运动。

(二) 性别结构

在传统的男权社会,女性被看作是男性的附属品,在经济、教育、政治、家庭等方面都缺少话语权。在政治领域集中表现为女性缺少选举权,难以成为真正意义上的公民。随着人类社会的不断发展,尤其是女性在各个领域取得了斐然成绩,性别平等逐渐被看作是文明的重要指标,争取妇女权利的运动很快蔚然成风。通过长期或温和或激进的斗争,妇女逐渐获得选举权。1893年,新西兰成为第一个赋予妇女选举权的国家。1918年,英国开始赋予女性选举权,但规定只有30周岁以上的妇女才具有选举权,直到1928年才下调到和男性一样的21周岁。美国在1920年赋予女性选举权,而法国女性则直到1944年才获得选举权。

女性获得选举权,在很大程度上改变了选举格局,原因在于政治参与存在较为明显的性别差异。自妇女获得选举权后,学界就展开了对两性投票模式差异的研究,比如,维巴等学者通过对英国选举投票的考察发现,两性在政治行为方面存在差异,男性明显比女性更加积极。[①] 此外,女权运动也是性别结构影响政治系统的表现。女权运动在争取妇女权利、提升妇女地位的同时,不可避免地参与到政治运行中,因为参与政治既是妇女权利的体现,也是争取妇女权利的途径。举例来看,著名的"艾米莉名单"就是女权运动深入影响政治系统的集中反映。"艾米莉名单"是支持赞成堕胎的美国民主党女性候选人竞选公职的一个政治行动委员会,主要利用筹集资金和提供选票进行竞选支

---

① Sidney Verba, Norman H. Nie and Jae-on Kim, *Participation and Political Equality: A Seven-Nation Comparison*, New York: Cambridge University Press, 1978, pp. 305-323.

持。在2012年美国大选中,"艾米莉名单"就帮助4名女性当选联邦参议员、20名女性当选联邦众议员,共捐赠了1020万美元的竞选资金。①

(三) 民族结构

民族与政治有着天然关系,这是不言而喻的。在多民族国家中,民族结构对政治体系的影响有时能占主导地位。因为民族政治往往涉及国家政权的占有与分配。民族结构对政治体系的影响,可以从如下两个角度展开讨论。

一是新兴的民主国家的族际权力分配。新兴的民主国家制度往往以西方民主制度为模板,简单地遵循"一人一票"的选举机制。然而,这样的民主制度对于民族关系复杂、民族成分多样的多民族国家来说,往往是行不通的,尤其是在缺少民主传统和观念的背景下。原因在于,西方民主制度需要一定程度上的社会合意,而有些国家在民主化的转型过程中,未能很好地处理民族关系、实现民族整合,民族矛盾导致社会合意难以形成,甚至因国家政权的分配出现了社会动荡和分裂,民主制度自然无法巩固。② 这样的例子不胜枚举,仅在1990—2015年间,就有40个在形式上为民主体制的国家发生了大规模的族群冲突,造成超过240万人的死亡。③

二是稳定政权下优势民族对其他民族的压制。在一个多民族国家中,各民族的力量是不均衡的,存在某一主体民族牢牢掌握政权,并且该民族固守国家主义而对其他民族进行压制的情况。此外,也有两个或多个民族势均力敌而轮流坐庄的情况。如此的民族结构必然会对政治稳定和文明造成明显的负面影响。

---

① Emily's List,"Our History", http://www.emilyslist.org/pages/entry/our-history.
② 丁岭杰:《协和民主在民主化中的民族整合效能》,载《贵州师范大学学报(社会科学版)》,2015年第1期,第83—91页。
③ 王伟:《西方式民主不是治理族群冲突的良方》,载《民族研究》,2018年第1期,第37页。

（四）空间结构

狭义的人口空间结构仅仅涉及人口数量在地理空间上的分布情况。如此，人口空间结构与政治体系的关系并不紧密，尤其是在民主制度突破人口数量的限制之后。人口空间结构需要通过其他中介因素才能与政治体系建立因果联系。广泛地看，这些中介因素是比较多的。比如，某一地区因人口过多或者过少而形成过载或空心化问题，都会对政府的管理造成较大挑战。再比如，改变人口空间结构的推手是人口流动，如果存在体量巨大的人口流动，同样会对社会治安、政治治理造成影响。欧洲的难民危机就是由人口流动造成的空间结构改变并对政治系统产生复杂影响的例子。不过，这些因素对政治体系造成的影响是有限的、可控的，真正使人口空间结构对政治体系产生制约的关键因素在于民族。某一地区民族比例往往会在很大程度上决定政治体系的发展。哈萨克斯坦把首都从自然环境和社会经济环境都比较好的东南城市阿拉木图迁移到北部条件比较差的阿斯塔纳，主要考虑就是通过迁都把哈萨克族人口迁移到哈萨克斯坦北部地区，进而降低北部地区俄罗斯族的比重和文化影响。

（五）宗教结构

宗教本是一种超脱于社会的事物，但由于宗教理想和社会现实间存在差距，导致其要或多或少地介入社会生活尤其是政治生活，来弥补差距。因此，不论是作为社会文化还是社会力量，宗教都会与政治形成必要互动。

一是宗教斗争政治化。不同宗教之间或者同一宗教内部各派别之间存在明显的分歧甚至斗争，如果将其转化为政治上的对立并引入政治手段解决分歧或赢得斗争，可视为宗教斗争政治化。宗教斗争政治化大体上存在三种表现方式："正统"宗教利用手中的政治权力（自己掌握或者统治集团支持）通过国家机器打击异己宗教；受压迫的宗教动用政治手段（抗议乃至暴力）反抗"正统"宗教和国家政权对自身的压迫与迫害；新兴宗教为了实现自己的宗教理想，主动将宗教政治化。比如，历史上多次的宗教战争无不是宗教斗争政治化的产物。

二是以宗教价值取向影响政治。宗教要想发展，就不能脱离世俗社会，就需要得到政治上的支持。那么，在宗教价值取向上就会演化出一定的政治取向，并被信众所接受。因此，通过具体的人和人的群体的政治活动，宗教价值取向就传导到政治体系上了。这一现象，在选举政治体制下表现得十分充分。比如，2004年美国总统选举期间，400万白人福音派选民重回投票站，被认为是共和党获胜的关键因素。[1]

三是宗教政党和政治参与。宗教政党既是一个政治组织，又是一个特殊的宗教实体，它既追求宗教目的，也追求政治目标。[2] 宗教团体可以通过组建政党或准政党组织从事政治活动。宗教政党的根本属性是政党，执政或者参与政权是其根本追求。那么，以特定的宗教信仰体系作为自己的意识形态和政治纲领的宗教政党，必然会对国家的政治运行产生不同于一般意义上政党的影响。不过，有些宗教政党已经在很大程度上超越了宗教政治的范畴，而发展为一般意义上的政党，比如，德国的基督教民主联盟和基督教社会联盟，它们"基督教"的名义更多是象征性的。

（六）年龄结构

根据生命周期理论，新的政治世代以相同的政治态度开始政治生活。换句话说，人的政治态度并不是一成不变的，而是随着年龄的增长形成差异。一般认为，年轻人整体上偏向于激进自由，而老年人则会表现出保守的态度。造成这种情况的原因是多方面的，生活阅历和目标追求是尤为重要的影响变量。比如，人们随着年龄的增长会更加

---

[1] 张业亮：《2004年美国大选剖析》，载《美国研究》，2005年第2期，第65—89页。
[2] 吕大吉主编：《宗教学纲要》，北京：高等教育出版社，2003年版，第284页。

清楚地认识到自身利益所在,会更多地选择安于现状而不是参与社会变化。而年轻人则有大把精力投身于社会变化之中,有一定的价值追求。[1] 依据皮尤调查中心数据,不同世代的价值观念存有较大差异,老年选民整体上表现出比较保守的态度,不希望政府出台过多的改革措施,尤其是与自身利益紧密相关的养老制度改革,对社会发展前景也展现出负面情绪;而年轻选民通常表现出一定程度的激进观念,对现状的不满会转化为对政府改革的追求和支持。中年群体则居于两者之间。[2] 根据上述逻辑,一国不同的人口年龄结构会表现出差异化的政治氛围:年轻人占主导的人口结构会更加积极,既能积极应对变化,也会主动创造变化;而老年群体占到很高比重的老年型人口结构则会趋向于保守,应对变化的动力不足。

需要指出的是,上述六类人口结构类型对政治体系的影响并不是泾渭分明的,而是彼此之间存在一定程度的交叉和联系。比如,人口空间结构需要与民族、宗教结构结合在一起才能最大限度地对政治体系产生影响。此外,不同结构类型结合在一起,也会产生不同于单一类型的效果。英国工党是支持女性获取选举权的重要力量和关键推手,但英国女性更愿意支持保守党。不过,加上年龄因素后,可以发现,年轻女性更愿意支持工党。[3]

三、表现为结构不对称的政治新现实

以竞争选举、议会政治、政党体制为三大支柱的西方民主制度在很大程度上保障了西方过去相当长时间的繁荣、富强和稳定,并且因具备制度韧性和包容优势使其虽历经多次挑战仍具生命力。然而,受全球化和人口转变进程加快的双重影响,世界范围内人口结构的异质

---

[1] 王丽萍:《民意的形成与政治社会化》,载《北京行政学院学报》,2017年第2期,第35—41页。
[2] 皮尤调查中心,https://ropercenter.cornell.edu/pew-research-center。
[3] J. Lovenduski, P Norris and R Campell, *Women's Political Participation in the UK*, Manchester: The British Council, 2002, pp.35-37.

化和多样性显著提升。受其影响的政治系统也在加速变化当中,并出现了一些多以负面为主的政治现象。政治"黑天鹅"事件层出不穷,证明西方世界确实出现了一些新的政治现实,且具有与人口结构不对称的特性。总结起来主要有如下四点。

(一) 民众政治分歧持续扩大

一定限度的社会合意是民主政体有效运行的基础,[①] 但它却正被显性的民众政治分歧所破坏。据皮尤调查中心披露,支持不同党派的美国民众的基本政治价值观念,存在明显分歧且呈急剧扩大趋势,甚至超过了性别、种族和教育等传统领域的差距。[②] 欧洲同样面临选民日益分化的局面,且差异更为多样。[③] 尽管一定程度的分歧有利于激发政治活力,但分歧一旦超出政治系统所能承受的阈值就会严重侵害民主政治,社会极化、共识下降和否决政体就会接踵而至。原因就在于政党的中心职能之一是聚集和表达公民偏好,并将其转化为政府政策,那么当选民分裂时,政党就很难实现公民利益的有效表达。以美国控枪为例,枪支暴力加剧进一步激发了控枪的呼声。然而,枪支泛滥并不是一个简单的社会治安问题,除了背后的利益集团、历史文化传统等因素外,"控枪"和"枪支自由"似乎也成为不同政治观念的"象征"。在这个问题上,共和党与民主党及其背后的选民极度分化。如此,对于如何解决枪支暴力问题,国会很难拿出双方满意的方案。

(二) 民粹主义再次迅猛崛起

民粹主义自19世纪后半叶产生以来,就像一个幽灵困扰着这个世

[①] Seymour Martin Lipset, *Political Man: The Social Bases of Politics*, Maryland: The Johns Hopkins University Press, 1982, pp. 87–126.

[②] Pew Research Center, "The Partisan Divide on Political Values Grows Even Wider", http://www.people-press.org/2017/10/05/the-partisan-divide-on-political-values-grows-even-wider/.

[③] Raul Gomez, Laura Morales and Luis Ramiro, "Varieties of Radicalism: Examining the Diversity of Radical Left Parties and Voters in Western Europe", *West European Politics*, Vol. 39, No. 2, 2016, pp. 351–379.

界。作为政治现代化过程中常见的政治现象，对政治发展进程的影响不可谓不深远。20世纪末以来，第三代民粹主义由抬头走向崛起乃至泛滥，已成为影响许多国家政治走向的重要力量。与前两阶段民粹主义更多地表征为左翼色彩不同，当下的民粹主义左右共振。社会环境所提供的便利条件——如在难民危机中蔓延的排外情绪和全球化进程中的疑欧心态——使右翼民粹主义发展势头更为猛烈。

民粹型政党崛起并进入议会掌握国家权力是民粹主义政治影响的集中体现。早在20世纪70年代，意大利和奥地利就出现了具有民粹特征的政党进入议会的先例。[①] 但引起人们普遍关注的是2002年代表极端民族主义思潮的"国民阵线"（2018年更名为"国民联盟"）在法国首轮总统选举中胜出。当前，民粹型政党遍地开花，进入议会甚至赢得大选时有发生。目前，欧洲比较活跃且具备影响力的民粹型政党有希腊的"激进左翼联盟"（2015—2019年执政）、意大利的"五星运动"（2013年大选获得25.5%的选票成为众议院的第一大党，2018年大选获得31%的选票，再次成为众议院的第一大党，并在2018年到2022年参与联合执政）、西班牙的"我们能"（西班牙第二大党）、法国的极右翼的"国民阵线"（多次进入大选第二轮，自诩为"第一大党"）和极左翼的"不屈法国"、英国的独立党（英国"脱欧"的主要推手之一）、德国的"另类选择党"（2017年大选获得13.1%的选票，将成为二战后首个进入德国联邦议会的极右翼政党）、奥地利的"自由党"（曾参与联合执政）和匈牙利的"青年民主主义者联盟"（从2010年起连续执政，其党魁于1998年、2010年、2014年、2018年和2022年五次当选总理）等等。[②]

民粹型政党的强势崛起已经在很大程度上改变了欧洲许多国家的

[①] Pippa Norris, "It's Not Just Trump. Authoritarian Populism is Rising Across the West. Here's Why", *Washington Post*, March 11, 2016.

[②] 田德文：《欧洲民粹主义政党崛起的原因与走势》，载《当代世界与社会主义》，2017年第2期，第114页。

政治格局。法国传统主流政党——右翼共和党和左翼社会党——已经连续两届未能进入第二轮总统选举,且得票率远低于与之对应的极右和极左政党。因此,为应对民粹型政党冲击,部分传统政党也产生了民粹倾向。比如,英国工党打出了"为了多数,而非少数"(For the Many, Not the Few)的竞选口号,而"多数"(Many)和"少数"(Few)的提法就是典型民粹话语。再有,英国卡梅伦(保守党)政府就有意吸收了独立党反移民、反欧盟的主张,甚至为了拉拢"疑欧"派赢得连任而发起了更具民粹色彩的全民公投。

(三)西方民主制度机能失调

民主不是万能的,西方民主制度更不是万能的。其制度的固有缺陷可以在经济发展良好且贫富差距可控、存在社会共识和国家认同、民众拥有妥协意识和民主精神的情况下被尽可能地掩盖。然而,当上述条件逐渐弱化或发生改变,西方民主制度就会暴露出机能失调的问题,民众面临的种种困难和诉求难以在以代议制为核心的民主政治的框架内得到有效回应。它不仅不能作为制度保障使一个国家走向善治,反而会使一个国家走向危机甚至失败。

一方面,在常规状态下被"选举民主"羁绊。对于民主的认知与实践,西方普遍产生了"祛价值而重事实"的意识。根据熊彼特竞争性选举的民主理论,民主成为一种政治方法,是为达到政治决定——立法与行政的——而作出的某种形式的制度安排。在这样的逻辑下,选举被认作民主本质,被统治的民众具备了挑选领袖的权力。[①] 那么,以执政为首要目标的政党为了上台就会极力讨好选民,以致出现不顾实际盲目许诺从而导致机能失调的情况,"福利超载"就是最好的例子。为赢得选票而允诺提高福利水平成为政党竞争的有力手段,然而福利政策与经济发展严重"脱钩","福利超载"成为许多国家面临的

---

① 塞缪尔·亨廷顿著,刘军宁译:《第三波——二十世纪后期民主化浪潮》,上海:上海三联书店,1998年版,第423页。

问题。

另一方面,以分权和竞争为出发点的制度设计,决定了西方民主制度倾向于放大而不是弥合党派私利的属性,这导致西方民主制度不仅无力解决社会极化问题,反倒会打通社会撕裂和政治极化之间的通道,进一步加剧极化状态。在社会发展面临困境的非常规状态下,西方民主机能失调尤为明显,甚至存在政治衰退的风险,具体表现为政府逐渐缩水的治理供给难以匹配民众日益增长的对善治的需求。[①] 如此,效能不足的政府面对政治困境——选民分化、民粹泛滥、社会极化等,难以通过既有常规体制如政党政治和议会政治等找到有效的治理途径,只能采取全民公投或信任投票等非常规手段,但这又会进一步降低西方民主政治机能。比如,面对越来越多的非法入境问题,特朗普政府不从根源上寻找解决办法,而是执意修建一堵耗资巨大但效果有限的边境隔离墙。由于特朗普政府与民主党在修建美墨边境隔离墙问题上无法达成一致,美国政府"停摆"35天,创下史上最长"停摆"纪录。此后,特朗普为了绕开国会正常拨款程序,利用总统特权宣布美国南部边境出现"边境安全和人道主义危机",从而使该地区进入"国家紧急状态",以便从国防部等渠道调拨资金在美国与墨西哥边境修建隔离墙。为了阻止特朗普的"疯狂",美国参众两院通过一项决议,叫停特朗普此前宣布的美国南部边境进入"国家紧急状态"。面对国会的掣肘,特朗普直接行使了总统否决权。边境隔离墙斗争凸显出西方民主制度在社会日益撕裂、矛盾难以调和的情况下制度失灵的窘境。

(四) 世界政治进入动荡变革周期

和平与发展仍是当今世界的主题,但这并不排斥世界政治进入动荡变革周期的判断。从宏观角度看,在世界处于百年未有之大变局加

[①] 查尔斯·A.库普坎:《治理鸿沟:全球化与西方民主的危机》,载《国外理论动态》,2014年第5期,第30—35页。

速演进的过程中，全球体系结构和世界发展结构发生巨变，固有体系的打破和新体系的建立必然带来一定的不确定性。从中观角度看，经济发展乏力导致的社会民生问题恶化叠加政治转型等多重因素，持续加剧民众对政府的不满情绪，由此产生的社会冲突、信任危机甚至是武装叛乱的风险不断加大，呈现长期化、复杂化特点，政治安全形势严峻。并且，政治局势不稳定表现出一种全球性趋势，不论是发达国家还是发展中国家，不论是民主制度成熟的国家还是民主化转型的国家，不同形式、不同程度的政治动荡此起彼伏。比如，2021 年 1 月 6 日，美国国会大厦发生了特朗普支持者暴力闯入的骚乱事件，造成包括 1 名国会警察在内的 5 人死亡、约 140 名执法人员受伤，社会分裂进一步加剧。从微观角度看，发展赤字在多重危机的助力下越发显著，部分地区底层民众的生活水平非但没有改善，反而出现了下滑。面临生存危机的情况不仅出现在经济发展落后的地区，就连西方一些发达国家也有部分人群面临巨大的生存压力。因此，在美国和英国出现跨种族、跨阶层的"零元购"现象也就不奇怪了。"零元购"不仅仅是一种社会治安问题，它更大的破坏性在于对法制意识、社会秩序和群体信任的破坏。

形成上述四类政治新现实的驱动因素是多重的。首先，作为制度根基的西方民主体制因历史进程中的优势和成功从而形成了路径依赖，并且在"祛价值而重事实"的操作下被简化为一种工具，导致其在一定程度上滞后于时代变革。其次，全球化导致生产要素流动和价值重新分配，财富和权力在国家内部流动的同时也出现了由西方向其他日益崛起地区转移的情况，经济不平等、被边缘化致使阶级分歧上升，社会分化超过西方民主制度所能承受的范围。再次，在民主化浪潮中转型的国家出现了政治转型失败，老牌自由民主国家则出现了政治极化和否决政体现象，使得政府的治理效率大幅下降，很多国家处在运转失灵的边缘。不过，诸多具有负面指向的政治新现实集中出现，还有一个更为深刻的原因——人口结构变迁。[①] 正是因为作为底层要素的人口在多个维度发生了结构性变迁，使得选民结构、族群结构、意识结构和政党结构出现相应变化。而作为上层建筑的政治制度未能及时与之匹配，导致表现为结构不对称的政治新现实的出现。例如，单凭竞争选举很难解决老龄成本脱钩于经济发展水平的问题。

四、人口政治学学科缺位

虽然很早就有了从政治法律制度、综合国力、战争和宗教等角度讨论人口对政治影响的研究，但真正形成具有学科属性的人口政治学则要到20世纪70年代或者90年代。因此，即便人口因素在行为主义的偏爱下得到政治学研究的重视，但人口政治学的发展却不尽如人意，具有缓慢与不成熟的特征。

（一）人口政治学

人口政治学，就是运用政治学的理论，研究人口问题如何对政治系统产生制约关系。虽然人口与政治在多数情况下呈现出互动关系，即政治系统会干预人口变动，但其出发点在于使人口变动更符合政治系统的需要。因此，人口政治学的落脚点在于新的政治现象，而前提条件是人口变化，是一种单向的逻辑关系。

虽然人口政治学是一个新兴交叉学科，但关注人口与政治的关系却古已有之。比如，城邦政治的特性使得古希腊哲人对人口寡众十分重视，普遍认为城邦人口应维持在较小规模以便彼此熟知和保证公共事务的充分参与，但同时以确保物质供给和抵御外敌入侵为底线。亚里士多德认为："凡以政治修明著称于世的城邦无不对人口有所限制"，"最美的城邦，其大小必然有所限度，以适合上面所阐释的秩

[①] 包刚升：《西方政治的新现实——族群宗教多元主义与西方自由民主政体的挑战》，载《政治学研究》，2018年第3期，第103—115页。

序。"① 为此，柏拉图还提供了一个准确数字——5040人。当然，这里的"人"指的是城邦公民，不包括孩子、妇女、奴隶和外邦人，实际人口数量要数倍于公民数量。古希腊当时存有300多个城邦，其中九成以下的城邦规模都非常小，人口不过万，面积在几十平方千米以下。斯巴达和雅典已经是希腊为数不多的非常大的城邦了，人口不过几十万，公民的数量则更少，约四万人左右。这里体现的是人口规模与国家政权的关系，并被后世所继承，得出不同人口规模需要与不同政体匹配的结论。② 中国古代同样重视人口数量，但往往意在鼓励生育、扩大人口规模以壮大实力。中国在多个朝代出现了政府通过命令要求婚配生育的情况。比如，唐太宗即位初年，就下诏要求地方官府奖励民间婚嫁，男子20岁、女子15岁以上，连同寡妇、鳏夫，都要结婚生育，并把"婚姻及时、鳏寡数少"作为地方政绩考核内容之一。可见，中国古代的人口观是鼓励生育。

当下人口政治学则更加关注人口变迁与政治的互动，这种变化既是人口变迁越来越活跃的结果，也在很大程度受行为主义政治学的影响。行为主义政治学的研究对象是各类政治主体的政治行为及互动关系，其中受主客观因素影响并可预测的个体的人的行为成为相关研究的核心，比如在竞选、投票等研究领域提出了非常有价值的见解和量化的研究方法。这样也就将具体的个人与政治过程联系起来，人口因素更加被重视。

（二）人口政治学发展缓慢

一方面，人口政治学在学科构建方面要远远滞后于实践。在1971年为美国国家科学院起草的一份报告中，麻省理工学院的迈伦·韦纳教授对人口政治学做了初步定义——人口政治学是研究与政府和政治

---

① 亚里士多德著，吴寿彭译：《政治学》，北京：商务印书馆，1965年版，第353—355页。
② 孟德斯鸠著，张雁深译：《论法的精神》，北京：商务印书馆，1961年版，第126页。

有关的人口规模、组成和分布的学科,并把关注点放在了人口变化与政治稳定之间的关系上。[1] 这可以看做是"人口政治学"被明确提出的起点,但直到20世纪90年代初才由杰克·A.戈德斯通在《早期现代世界的革命与反抗》一书中搭建起学理性的研究框架。与之相对的则是,政治实践中对人口数据的利用有着既久远又丰富的历史。[2] 以广泛存在的政治选举为例,候选人、竞选经理和政治顾问对于不同群体拥有差异化的投票偏好这一客观事实有着清晰认知,他们会关注选区人口构成以及由此而来的投票模式,进而制定有针对性的竞选策略。例如,加拿大卑诗省拥有40多万华人,占人口比重的10%;首府温哥华的华人比例大约为20%;列治文市华人比例已经过半。如此背景下,向华人社区倾斜公共政策、委派华裔竞选经理、推出华裔候选人等方式就成为政党竞争的有力手段。温哥华优化城市党就两度推出华裔沈观健来竞选市长。

从人口数量的角度看,根据选民数量划分选区也是对人口政治学的实践。以美国为例,每十年进行一次全国人口普查并根据人口普查结果重新分配各州的国会众议员人数。因此,在人口迁移的大背景下,通过何种口径确定各州人口数量往往成为美国两党争夺的重点。因为美国两党都有自己传统的票仓,南部和西部地区除华盛顿州、俄勒冈州和加利福尼亚州等西海岸诸州外,大多数州在总统选举中都主要支持共和党候选人,加利福尼亚州、伊利诺伊州和纽约州则稳固支持民主党总统候选人。如果这些州在国会众议员份额上出现变化,则会影响两党在众议院的权力格局。州内部的选区划分同样竞争激烈,掌握州议会或控制州长职位的政党会利用选区重新划分的机会打造对本党有利的"安全选区",以致出现不公正划分选区的情况。值得强调的

---

[1] Michael S. Teitelbaum, " Political Demography: Powerful Forces Between Disciplinary Stools", *International Area Studies Review*, Vol. 17, No. 2, 2014, pp. 99-119.

[2] Richard K. Thomas, *Concepts, Methods and Practical Applications in Applied Demography*, New York: Springer International Publishing, 2018, pp. 1-15.

是，美国不公正划分选区已有200多年的历史，第一次不公正划分国会选区始于1810年的马萨诸塞州。由此足见美国在政治实践层面对人口的重视，以及利用人口分布、数量和结构来巩固和提升政治势能的手段之精良与成熟。

另一方面，人口政治学发展缓慢体现在政治学与人口要素的结合明显弱于其他学科。人口因素尤其是人口结构变迁已经成为诸多学科的关注对象和研究视角，如经济学、社会学、市场营销学，且形成了较为丰富的成果和较为完善的理论体系。以市场营销学为例，该学科把人口作为重要的环境因素来研究，认为人口是构成市场的首位因素。人口数量决定着市场的潜在量，而年龄、性别和民族结构、空间分布、婚姻状态、教育水平等人口特性会对市场格局产生深刻影响，并在很大程度上决定着企业的市场营销行为。在该理论的指导下，出现了很多非常成功的营销案例。比如，在20世纪中期，百事可乐发现13—19岁的青年人口在美国总人口中占比较高，决定将青少年人口作为主要市场，提出了"新一代的可乐"等有针对性的营销口号，并选择足球和音乐等一系列年轻人喜欢的元素作为品牌基础和企业文化载体，使百事公司的"新一代的选择"和崇尚"快乐自由"的风格被青少年广泛接受。这种消费习惯会形成长期甚至终生的影响，从而在关键人群中获得稳定的消费群体，使百事可乐实现了商业的成功。作为对比，政治学领域的研究与人口变迁的结合并不紧密，人口政治学尚停留在起步阶段，主要表现为缺少从人口维度研究政治现象的成果。

举例来看，在美国第45任总统特朗普的竞选和执政过程中，其口无遮拦、撒谎成性、政策激进、缺乏从政经验的执政特点被称为"特朗普现象"。学界对于"特朗普现象"的认识往往着眼于特朗普个人行事风格、过往经历等个体方面，虽然这些因素对特朗普的执政风格具有较大影响，但不可否认的是，特朗普之所以能够上台，是因为已经出现了适合其上台的选民基础：外来移民持续涌入、社会贫富差距持续扩大、建制派不能很好地代表民意等，使得民众需要能突破政治正确而直接维护其权益的反建制力量。比如，特朗普故意把自己塑造成"华盛顿政治圈外人"，借此拉近与底层选民的距离。特朗普竞选口号中包括"修完这堵墙"，并承诺遣返墨西哥非法移民，这些立场得到了"特朗普选民"一边倒的支持。甚至有选民公开表示："就是因为特朗普要修这堵墙，我才支持他。"可见，"特朗普现象"也是典型的人口政治学研究内容。对此展开研究，既可以从人口角度更加全面地认识"特朗普现象"及其背后的政治机制，也可以深化人口政治学研究。不过，现实情况则是，很少有人从人口结构变迁的角度认识"特朗普现象"。即便存在相关研究，也只是以人口为视角而非系统性研究，这进一步表明，人口政治学发展缓慢。

（三）人口政治学发展不成熟

人口政治学发展不成熟的根本表现是理论体系的欠缺。理论是庞杂知识的系统化、概括化和抽象化，理论体系作为一种框架支撑，指导着知识体系的构建。具体来看，人口政治学是人口学和政治学的交叉，但不论从研究对象、研究范围还是研究方法上，交叉学科的既有研究范式都不如创建新的理论范式更能支撑人口政治学深入发展。然而，虽然人口政治学已被视作一门独立学科，但其理论体系尚在构建当中。

一方面，鉴于人口因素的重要性，在一些对政治现象进行解析或者描述的研究中会涉及人口维度。比如，在国家政权安全和社会治安稳定的研究中，人口迁移可以作为一个分析视角，且这一分析视角存在国别差异。具体而言，美国主要是移民社会的种族歧视，欧盟主要是难民潮对社会、政治和文化形成的冲击。再比如，作为全球性议题的老龄化对经济社会发展具有较强溢出效应，在分析欧洲等一些国家发展困境时，人口老龄化往往被归为重要诱导因素。总之，这些研究或多或少都会有关于人口政治学的论述，但分布散乱、缺少线性逻辑、难以构成研究体系。

另一方面，在人口政治学的大框架下存在一些聚焦于专门课题的研究，但还未进行成体系的研究工作，总体分析框架尚不成熟。举例来看，有人口变化与国际安全，欧盟人口趋势的政治和战略影响，人口结构与选举，人口变化与暴力冲突，人口变化与国家、地区和州际安全之间的关系，老龄化与民主政治发展，以及"青年膨胀"与外交战略，等等。这些从人口因素出发探究政治过程和政治现象的专题研究，拓展了人口政治学的研究范畴。但不可否认的是，严谨的体系、准确的概念、系统的方法对于作为一门独立学科的人口政治学来说仍比较缺乏。

囿于学科体系尚未成熟，人口政治学对于理解政治新现实的客观需求而言是缺位的，甚至愈发棘手的政治困境放大了人口政治学的滞后与不成熟。因此，在人口结构成为驱动社会变迁的主要人口因素的背景下，人口政治学研究应主动适应人口发展趋势转变的现实，进一步深化为人口结构政治学，以期为更加准确地理解人口结构变迁推动的政治新现实，提供更为聚焦的分析框架。

第二章　什么是人口结构的政治效应

结构变迁成为塑造政治系统的主要人口变量、人口政治学发展滞后与不成熟难以匹配解读和应对政治新现实的需求，于是更为聚焦的人口结构的政治效应这一分析范式应运而生。从新的分析范式构建角度出发，思考人口结构的政治效应的研究框架，并利用其探究人口结构变迁所引发的政治现象及发生机制，对于深化和扩展人口政治学具有重要意义。人口结构的政治效应这一分析范式并不是一个从无到有的命题，而是在人口政治学基础上的进一步深化研究，同样具有明显的问题导向，不同问题可以使用不同理论进行分析。它以"理性经济人假设"为逻辑起点，把人口结构变迁与新的政治现实作为因果关系加以研究。人口结构的政治效应旨在揭示由人口结构变迁产生的特有政治现象。本章尝试通过政治学与人口统计学交叉学科范式，对这一现象及其发生机制和客观规律进行简要分析论述，回答"什么是人口结构的政治效应"这一问题。

一、人口结构的政治效应分析范式的逻辑起点

要建立和发展人口结构的政治效应分析范式，首先需确定一个核心假设作为学科体系演绎的起点，然后在此基础上借助逻辑手段对学科内部的逻辑关系展开推导、归纳和总结，实现由抽象理论向具体结

构的演进，进而建立起相应的学科体系。这里提到的核心假设可以被视为一个学科的逻辑起点。它是一个最初、最直接和最简单的规定，是对本质的抽象。它能提供一个逻辑主线，是研究体系得以展开、赖以建立的客观根据。它具有约束作用，可以将研究对象、范畴、方法和体系框定在合理的逻辑框架内。[①] 人口结构的政治效应分析范式逻辑起点的选择取决于人类政治实践的本质。通过考察人口结构变迁产生新政治现象的规律、梳理人口结构的政治效应分析范式与政治学基本理论的关系、明晰逻辑起点的内在特性，可以将"政治行为主体理性经济人假设"判定为构建人口结构的政治效应分析范式的逻辑起点。"政治行为主体理性经济人假设"是政治研究中最直接、最简单、最抽象的范畴，能够为政治现实提供解释路径。尤为关键的是，"政治行为主体理性经济人假设"为学科体系设置了必要的研究边界。正因如此，人口结构的政治效应分析范式并不能完全覆盖部分政治现象背后更加复杂的机制。

"政治行为主体理性经济人假设"是指政治行为主体——政党、候选人、选民、利益集团等——的行为逻辑往往遵循"理性经济人假设"，即在参与政治活动时，政治行为主体基于个体利益最大化的考量，在"成本—收益"核算的基础上进行公共选择。换句话说，在特定制度或规则的约束下，他们总是以最大限度追求自身利益为行为依据。美国学者安东尼·唐斯指出，政党"为了赢得选举而制定政策，而不是为制定政策去赢得选举"，选民"为了追求个人收益的最大化而把选票投给他认为将比任何别的政党提供给他更多利益的政党"。[②] 这一描述就是"政治行为主体理性经济人假设"的体现。除了西方政治活动中最为核心的选举行为外，政党在议会中的斗争与妥协、利益集

---

① 冯振广、荣今兴：《逻辑起点问题琐谈》，载《河南社会科学》，1996年第4期，第56—59页。

② 安东尼·唐斯著，姚洋译：《民主的经济理论》，上海：上海人民出版社，2005年版，第31—33页。

团的院外活动、公共政策的制定,以及选民通过"用脚投票"的方式对待公共政策等,都在很大程度上遵循"政治行为主体理性经济人假设"。具体到人口结构的政治效应分析范式,以"政治行为主体理性经济人假设"为逻辑起点至少有以下三个理由。

第一,"政治行为主体理性经济人假设"是政治研究中最直接、最简单、最抽象的范畴。从形式上看,"政治行为主体理性经济人假设"具有逻辑起点所要求的逻辑的、抽象的特征,是对行为主体价值选择的直接判断。从内容上看,这一假设具备直接和具体的属性,是政治现实中的客观实在在逻辑上的再现。也就是说,在探究人口结构变迁制约政治系统发展的机制与规律时,应从关注政治主体的行为依据开始,将其视作最基本的分析起点,以保障逻辑与逻辑反映对象的一致性。此外,作为政治主体行为依据的"理性经济人假设"是基于人的本质特征、从各种各样具体的政治实践中抽象出来的,普遍适用于政治主体的各个方面,为一切政治主体所共有。所以,"政治行为主体理性经济人假设"是对人口结构的政治效应分析范式逻辑起点较为合理的抽象,能够反映其最一般的本质规定,作为逻辑起点可以使学科体系得到较为合理的逻辑推演和框架构建。

第二,"政治行为主体理性经济人假设"能够为政治现实提供解释路径。政治活动是由以各种方式组织起来的个人以及由个人组成的各类政治共同体来实践的,选民、政党及候选人、政府官员、议会及议员、利益集团、公民组织等是现实生活中从事政治活动的主体。人口结构的政治效应分析范式是在人口结构变迁过程中对各类政治主体的相应实践活动及其发生机制、逻辑关联进行研究的相对独立的政治学次级知识体系。因此,人口结构的政治效应分析范式的逻辑起点在于分析人类个体、群体与政治共同体的政治选择机制。而"理性经济人假设"正可以为政治行为主体的选择机制作出解释——在既定的制度安排和信息条件下,具备理性思维能力的政治行为主体能够认识到自己利益所在,并按照利益最大化行事,即具有制度与信息约束条件下的行为理性。

当然，受制于客观条件限制，政治行为主体的理性往往是有限的。所谓的"完全理性"对行为主体提出了三点递进式要求。首先，在政治参与中进行"成本—收益"核算时，行为主体要对所处环境和相关信息具有完备的知识。其次，行为主体的偏好体系稳定且有序，理性排序是经济学对个人偏好的最低要求。最后，行为主体能够在多种备选方案中找出令其收益最大化的方案，即可达到其偏好尺度的最高点。① 当然，具有完全理性的要求是十分严格的，通常情况下政治行为主体难以达到上述要求。比如，在选民投票时，囿于信息不对称、计算难度较大或收集信息成本过高等，政治主体只能在现有条件下做出选择。再或者，政治主体认为自己的一张选票对于有众多选民参加的选举来说无足轻重，在收益非常有限的情况下主动减少投票成本，以无知状态随意投出选票。只不过，类似的选择对于行为主体主观而言也许是理性的，但客观上有可能并非是利益最大化的选择，只能称之为有限理性。

第三，"政治行为主体理性经济人假设"为学科体系设置了必要的研究边界。如果说有限理性是迫于客观条件的话，那非理性则是出于主观意愿。有时候，人的行为不完全受自利动机的驱使。一些心理情感要素，比如喜爱、面子、感激、报复、内疚、荣誉、责任等都能够使人放弃自利的目的。举例来看，偶像崇拜是人类有可能中非常普遍的现象，往往掺杂着非理性和盲目的一面，会导致自利动机大打折扣。假如某位选民是某一位候选者助选嘉宾的铁杆粉丝，即便他与候选者所代表的利益存在较大分歧，出于对偶像的忠诚他也有可能投票给该候选人。这也是美国总统候选人都比较热衷于邀请文体明星为其助阵的原因。2016年，希拉里·克林顿就邀请了乐坛天后碧昂丝及其丈夫肖恩·卡特、NBA超级巨星詹姆斯、摇滚乐队邦乔维及知名歌星凯

---

① 杨龙：《政治领域中的人性——经济人假设评析》，载《文史哲》，2003年第4期，第101页。

蒂·佩里等明星为她助阵。

此外，根据新制度主义的观点，政府的制度结构塑造了政治家和官僚的世界观，左右着他们的偏好。他们的选择有时候是政治结构的函数，而非单纯地遵循"理性经济人"假设。具体来看，政治主体出于"政治人"属性而更倾向于追求公共价值，为国家前途而不惜得罪选民的案例在西方也不少见。因此，在部分情况下，"理性经济人假设"所支持的利益最大化准则难以解释政治主体行为。那么，"政治行为主体理性经济人假设"不仅为人口结构的政治效应分析范式提供了解释路径，也对其研究领域设定了必要的边界。换句话说，人口结构的政治效应分析范式只能在行为主体理性选择的既定情况下从微观角度对人口结构变迁产生新的政治现实进行逻辑一致性检验。

总之，虽然对于个体而言，受制于主客观因素，"理性经济人假设"不能总是奏效，但总体来看，这一假设仍较为准确地反映了政治主体的基本行为特点，适宜作为人口结构的政治效应分析范式研究体系建设的逻辑起点与假设前提。

二、人口结构的政治效应分析范式的研究对象

精准定位研究对象是构建新理论体系的必要工作之一。原因在于研究对象是理论体系间借以区别的"边界"，拥有独立且明确的研究对象是一门学科与其他学科相区别的前提，意味着其可以作为一门独立学科进行系统化研究。由前文可知，人口结构的政治效应分析范式是在结构成为主要人口驱动变量的情况下在人口政治学基础上对人口结构与政治关系的进一步探索。因此，人口结构的政治效应分析范式可以被视为以人口结构变迁所引发的政治现象及其发生机制作为研究对象的政治科学。那么，我们该如何理解这个研究对象呢？黑格尔曾说："就对象而言，每门科学一开始就要研究两个问题：第一，这个对象是

存在的；其次，这个对象究竟是什么。"① 鉴于人口结构的政治效应分析范式尚处于理论体系构建的探索阶段，本文沿着黑格尔的思路对人口结构的政治效应分析范式的研究对象展开学理探究。

（一）哲学意义上的"存在"

黑格尔所说的"存在"是哲学意义上的"存在"，除作为具体事物或现象的客观存在之外，更多地体现在是否具备研究意义上。从这个角度看，人口结构变迁所引发的政治现象及其发生机制作为研究对象是存在的。一方面，作为重要驱动力量的人口结构变迁在多个方面实实在在地影响着政治系统。比如，老龄化进程加快导致公共政策向老年群体过度倾斜，青年人口规模大、比重高易引发社会动乱甚至威胁政治安全，不同文化背景的外来移民过多会削弱政治共识，等等。这种政治现象不仅客观存在且愈发显化，已经产生了被研究的需要。另一方面，理论的价值在于服务现实需要。以人口结构变迁所引发的政治现象及其发生机制为研究对象，能够满足在人口结构急剧变迁的背景下理解不寻常政治现象扎堆出现的现实需求。换句话说，具备研究必要性使其获得了"存在"的意义。

（二）研究对象的分解与组合

要回答人口结构变迁引发的政治现象及其发生机制是什么的问题，可以将其拆解来看。

第一部分是人口结构变迁。人口结构是根据不同特征与差异把人群划分成相应子群体的总体展现，是人口存在和运行的主要形式。按照某一标准划定、体现某一特征的人口结构会随着人口发展而发生变化。比如，按照年龄段划分的年龄结构会由于老年人口比重增长而发生由年轻型向成年型再向老年型的转变。再有，不同族群、不同文化、

---

① 黑格尔著,朱光潜译:《美学》(第一卷),北京:商务印书馆,1979年版,第20页。

不同宗教境外移民的大规模迁入，也会造成一个社会人口结构复杂化。

第二部分是政治现象及其发生机制。按照汉娜·阿伦特的理解，政治本身就是一种现象，而政治现象则是在政治领域中发生的能够被人们所观察并领悟的各种事件。[1] 这意味着，政治思想、制度、系统、组织、行为、结构、过程等政治因素的外化形态和现实表现都可以纳入政治现象的范畴。任何一种政治现象的出现都具备若干驱动因素和复杂形成原因。要想更好地理解政治现象，尤其是那些不太寻常的政治现象，比如民粹主义扎堆出现、政治认同度显著下降和选民分歧过大等，就必须深入探求其发生机制。

第三部分是人口结构变迁引发的政治现象及其发生机制。人口结构变迁会导致与之相关的社会资源分配格局相应改变。这个变化既需要由政治系统来保障实现，又会作为一种变量对政治系统作出调整。而这个调整的过程就是新的政治现象产生的过程。这里体现的是人口结构与政治系统的交互关系。

组合起来看，研究对象的第一部分尚属于人口统计学范畴，其作为动因产生的新政治现象则属于一般政治学范畴，即第二部分。第三部分则落脚于"因果关系"，即研究对象的第一部分作为动因产生了研究对象的第二部分这样的结果。而人口结构的政治效应分析范式正是把这种"因果关系"作为研究对象的学科，单纯的"因"或"果"都难以体现出研究对象的完整性和独特性。在对研究对象进行准确定位的基础上可以进一步探讨其本质内涵。人口结构政治是由人口结构变迁导致政治偏好格局发生改变而产生的，也是在人口结构变迁通过相关机制传导至政治系统后形成的，同时也表现为一种人口因素的政治功能结构体系，其核心含义是人口结构的政治功能性。

---

[1] 陈周旺：《理解政治现象：汉娜·阿伦特政治思想述评》，载《政治学研究》，2000年第2期，第88—94页。

（三）研究对象的独特性

以人口结构变迁所引发的政治现象及其发生机制作为研究对象能够反映出人口结构的政治效应分析范式的独特性。判断一个学科是否具备独特性，可以考察其是否对某一研究对象做了全面、多角度和专门的研究，而其他学科或并无涉及或只是选作分析的一个视角。人口结构在社会经济发展中的显著地位使其被众多学科所关注。除经济学、社会学和市场营销学等将其作为研究对象之外，政治学领域的民族政治学、地缘政治学、人类政治学等也会利用到人口结构数据。不过，学科交叉难免造成研究客体的重叠，只要人口结构的政治效应分析范式能够对人口结构变迁导致新政治现象的发生这一"因果关系"作出系统性地研究，就可以判定其存在独特性。

人口结构的政治效应分析范式要解决的核心问题是对"变化"的追踪，包括人口结构和政治系统两个部分。如前文所述，人口结构处在急剧变迁的时间，受其影响的政治系统也在变化当中且呈加速趋势。那么，对这些呈互动关系的变化展开梳理并通过一些中介变量在两者之间建立起学理性联系，以及解释这种联系发生的必然性，就成为人口结构的政治效应分析范式的研究对象。

三、人口结构的政治效应分析范式的研究框架

人口结构的政治效应分析范式从理论上来说，就是把人口结构和政治系统联系起来，用人口变迁视角和"理性经济人假设"来研究政治发展的问题。伴随人口结构的进一步变迁，其对社会发展的影响力愈发显著，对学术界提出了很多科学问题。其中，需要人口结构的政治效应分析范式研究的议题大概有如下三类。

（一）明确人口结构构成体系

虽然人口结构在本质上属于人口统计学范畴，不过对人口结构的

政治效应分析范式来说，它是学科得以建立的驱动变量和研究主线起点，所以研究框架的第一部分在于明确人口结构构成体系。因为人口结构是一个多向度概念且几乎任何人口特征都可以作为划分依据，这样就使其外延极大扩展。具体来看，人口具有自然和社会两大属性，加之地理空间上的分布，一般情况下常把人口结构分成三大类：一是自然结构，主要根据人口的自然因素——年龄、性别、伤残等——作出划分；二是社会结构，是在社会发展过程中形成的人口结构划分，比如收入结构、教育结构、阶级结构、民族结构和宗教结构等；三是空间结构，通过人口在不同地域空间的聚居、迁移以实现人口空间结构变迁。由此可见，人口结构是一个多维体系，需要对其进行必要的边界划定，避免泛化而成为一个没有边界、无限划分的庞杂体，以便进行下一步讨论。本书认为，在人口结构的政治效应分析范式的研究范畴内，明确人口结构构成体系应以是否与政治系统产生显著互动关系为判断依据。以关联程度强弱为依据，判别影响政治系统的主要人口结构变量，并揭示人口结构变迁的演化过程、发生机制及多元特征，可作为人口结构的政治效应分析范式研究的重要内容。

（二）解析政治系统新的现实

国家政治系统和个人政治观念在全球现代化进程中被重新塑造，十几年来，一些新的政治状况尤其具有负面指向，如政治代表性持续下降、政党和议会制度被削弱、民粹主义泛滥等，[1] 形成了扎堆出现的发展态势。另外，西方民主制度不仅在对外输出过程中遭遇巨大挫折并使输入国家陷入动荡，对内也因多维结构失衡面临民主制度机能失调的压力，以致引发"民主危机"的担忧。[2] 因此有必要刻画在全球化背景下政治制度、政治观念、政治行为和政治过程的变动格局。

---

[1] Andreas Kalyvas, "Whose Crisis? Which Democracy? Notes on the Current Political Conjuncture", *Constellations*, Vol. 26, No. 3, 2019, pp. 384-390.

[2] "What's Gone Wrong with Democracy", *The Economist*, March 1st, 2014.

进一步看，因外部环境和具体政治制度差异导致不同国家在面临上述共性挑战的同时，也出现了具有国别特征的政治新现象。比如，作为移民接收大国的德国难民危机尤为明显，反映到政治系统上，则是具有明确反移民、反伊斯兰、反欧盟立场的右翼政党选择党（AFD）迅速崛起并进入议会，对于存在政治禁忌的德国政坛而言，这确实是划时代的事件。而美国作为传统移民国家，除了种族歧视问题仍然严重外，多元文化主义下的移民政策也使国家精神逐渐分裂，成为美国政治精英不得不面对的新问题。正是因为存在明显国别差异，政治系统新现实异常复杂，不能一概而论，需要对具体现象、情况、案例展开系统测度以发现形成差异的条件、动因与关键变量。

（三）发掘人口结构变迁影响政治系统机制

探究人口结构变迁对政治系统产生了哪些影响，以及这些影响是如何发生的，既是人口结构政治学的研究主旨，也是最为核心的研究框架。人口具备政治属性，其结构变迁必然造成政治格局变动。比如，一国内部不同族群差异明显的生育率会使"人口力量平衡"发生变化乃至被打破，以致长期具有政治优势的族群相较具有较高生育率的族群表现出衰落迹象。美国南部诸州部分郡县的拉美裔发展为多数族裔，而白人在得克萨斯州、新墨西哥州等地区变为少数族裔，并逐渐丧失政治话语权的现象可以较好地证明上述论断。在明确人口结构变迁能够对政治系统产生实质影响后，需要对影响机制做出剖析。

除了以"理性经济人假设"看待政治主体做出政治选择的动机外，议会政治、政党政治、街头政治、利益集团院外活动、竞争选举乃至暴力行动等多尺度政治元素也是不可忽视的中介变量。人口结构变迁的效力如何通过诸多中介变量传导至政治系统的作用机理，例如，激进的意识形态是怎样的人口结构造成的、新的政党崛起源于什么样的人口结构变迁、大选结果是否能够反映人口结构变迁等，是值得深入研究的课题。此外，因为人口结构兼具层级性和多维性的复杂体系，剖析某一人口结构下的具体人口现象,如老龄化、青年人口"膨胀"、外来人口过多、人口流动频繁、种族成分复杂等影响政治系统的机制,可以深化人口结构的政治效应分析范式的研究。

四、人口结构的政治效应分析范式的功能应用与逻辑推演

前文从现实需求和基本架构两个层面对人口结构的政治效应分析范式进行了构建,在形态上已具有学科理论的基本形式。只不过,其形成源于相对有限的经验观察和规范概括,尚需要通过一定的检验程序,使理论建设更加饱满和可靠。理论检验的过程是研究者通过收集和分析经验资料来论证研究假设是否符合实际情况的过程。如果符合政治系统发展的本来面目,则应被接受为真实性假设,为理论构建提供支撑。反之,如果经验材料与理论假设相悖,则需要在新的经验上进行修正。一般来讲,理论检验遵循如下两个步骤:首先是对理论假设展开操作化推演并建立逻辑关系;其次是以直观的经验材料与前一步分解后的假设推演进行对接和比较,以确定经验资料是否能够支持该理论假设。[1]

(一)人口结构的政治效应分析范式的功能

理论的价值在于对现实问题的解释。政治学研究由于所选角度、方法、理论和案例的差异而具备多样性,但本质都是在发现问题的基础上,运用科学的研究方法,按照政治学的规范,对现实问题进行描述、讨论和分析,并最终解决问题的过程。[2] 作为政治学和人口统计学交叉形成的人口结构的政治效应分析范式自然也坚持问题导向,以对现实政治的认识和解释为要义,既具有发现理论的认知功能,同时兼具学理应用的方法意义。通过把人口结构变迁和新的政治现实联系起

---

[1] 王俊生:《实证主义视角下的国际关系理论建构与理论检验》,载《中国人民大学学报》,2006年第4期,第107—113页。
[2] 周平:《突出问题导向》,载《人民日报》,2016年05月09日,第16版。

来，回答各国政治意识、政治过程、政治行为如何发生的问题，为我们认识并应对政治现实与挑战提供了一种新型研究路径。

一方面，人口结构的政治效应分析范式通过"理性经济人假设"分析路径，认识个体的人及由其构成的各类政治共同体的政治选择。人口结构的政治效应分析范式实质上是认识人的"政治性"的学说，旨在揭示人口结构变迁影响政治系统的必然性。众所周知，人口概况能够为分析政治取向提供线索。具体来看，某一人群之所以被认作为同一结构，说明他们拥有某一相同且区别于其他群体的人口属性，也可视作在这一方面具备了共同利益。不同的人口属性表现出差异化的政治取向和利益追求。当群体中的理性个体依据自身特征追求利益最大化时，他们就会展现出一致的政治取向。因此，由其构成的子群体自然具备了区别于其他子群体的政治偏好。总之，不同的人口结构代表着不同的选票结构、政治力量结构、政治形态结构和意识形态结构。[①] 那么，在人口结构变迁的同时，上述其他结构也随之改变。认识到这一点，就不难理解当下诸多新的政治现实出现的必然性了。这就是人口结构的政治效应分析范式的认知功能。

另一方面，人口结构的政治效应分析范式可以作为一种方法，通过分析人口政治属性，来研究由人口结构变迁引发的政治现实。人口结构的政治效应分析范式具备单向度的研究进路特征，以"时间进程"为研究主线，人口结构变迁作为发起点形成特定的政治结构，辅之以相应的中介变量，最终形成新的政治现实。比如，老年人口比重上升的情况下，老年人因"一人一票"规则而成为日益重要的政治力量，彼此竞争的政党会根据老龄化的人口结构制定有利于获取选票的政策，以致出现新的政治现实。总之，以"理性经济人假设"为逻辑起点的人口结构的政治效应分析范式的方法和理论，对变动社会中的政治现实尤其是不寻常的政治现象具有独特的应用性和解释力。

---

① 包刚升：《西方政治的新现实——族群宗教多元主义与西方自由民主政体的挑战》，载《政治学研究》，2018年第3期，第105页。

（二）人口结构变迁影响政治系统的内在机理

人口结构变迁影响政治系统的内在机理取决于人类政治实践的本质。政治活动是由以各种方式组织起来的个人及由其组成的各类政治共同体来实践的，选民、政党及候选人、政府官员、议会及议员、利益集团、公民组织等是现实生活中从事政治活动的主体。某一人群之所以被认作为同一结构，是因为他们拥有某一相同且区别于其他群体的人口属性。当群体中理性个体依据自身属性追求利益最大化时，会展现出一致的政治取向。不同的人口属性表现出差异化的政治偏好和利益追求。总之，人口结构变迁必然导致选票结构、政治力量结构、政治形态结构和意识形态结构产生相应的改变。另外，人口具备政治属性，其结构变迁会导致与之相关的社会资源分配格局相应改变。这个变化既需要由政治系统来保障实现，也会作为一种变量对政治系统作出调整。而这个调整的过程就是人口结构变迁影响政治系统的过程。

人口结构变迁所推动的政治结构变迁会通过议会政治、政党政治、街头政治、利益集团院外活动、竞争选举乃至暴力行动等多尺度中介变量传导至政治系统，形成相应的政治现实。总的来说，人口结构变迁反映的是人口结构政治，是由人口结构变迁导致政治偏好格局发生改变而产生的，也是在人口结构变迁通过相关机制传导至政治系统后形成的，同时也表现为一种人口因素的政治功能结构体系，其核心含义是人口结构的政治功能性。

（三）人口结构的政治效应分析范式的假设推演

进行假设推演的原因在于，比较抽象、高度概括的理论假设与现实经验之间存在形式上的差距，需要按照逻辑关系将理论假设分解为多个可以经验检验的假设。由于政治学研究对象的特殊性，有时具体的经验资料难以直接对宏大的政治理论展开检验，这就需要将理论假设进行拆分，以递进式、易检验的次级假设来推导原来宏大理论假设的可靠性。

对人口结构的政治效应分析范式来说，笼统地讨论人口结构变迁导致了哪些政治影响是比较困难的，因为人口结构变迁作为动因的贡献率是难以衡量和界定的。如此，则需要借助通过实际经验验证若干具体人口结构变迁影响政治系统的次级假设的方法来验证原始理论假设。

当前，世界范围内具有普遍意义的人口结构变迁有老龄化进程加快、"青年膨胀"和跨境移民规模攀升。那么，对这三个人口结构变迁如何引发政治现象可作如下假设推演。

老龄化假设一："老龄化进程导致老年人口比重逐渐增加"。

老龄化假设二："老年人口比重增加意味着在'一人一票'选举规则下获得更多选举权重"。

老龄化假设三："选举权重格局的改变迫使政治系统做出相应调整"。

"青年膨胀"假设一："'青年膨胀'对经济、社会和政治形成了巨大需求"。

"青年膨胀"假设二："现实需求和实际供给间的差距引发青年群体强烈不满"。

"青年膨胀"假设三："不满情绪会在特殊节点爆发并引起政治动荡"。

跨境移民假设一："来自不同文明背景的国际移民与本地居民在政治价值观念上存在明显差异"。

跨境移民假设二："政治价值观差异会加剧移民问题政治化"。

跨境移民假设三："移民问题政治化引发强烈排外情绪给民主政体构成压力"。

本书接下来的三个章节尝试从人口结构变迁视角出发，结合具体政治现象和政治过程，检验人口结构的政治效应分析范式，以深入表现本书所构建理论的真实性和分析工具的可操作性。

第三章　老龄化制约西方民主政治

工业化、现代化与城市化的长足发展，使得全球整体生育率下降、预期寿命延长，持续变老成为世界人口发展的首要特征。不过，囿于经济发展水平和社会发展阶段的差异，全球老龄化程度分布并不均衡。欧洲是最早开启老龄化进程的地区，也是老龄化程度最深的地区。以欧盟为研究对象，可以很好地探讨老龄化进程如何改变人口年龄结构、抚养结构、族群结构，以及老龄化进程对社会经济发展产生的溢出效应。从人口结构的政治效应分析范式看，人口老龄化有着独特的政治逻辑。作为人口结构变迁形式和发展趋势的人口老龄化，能够直接作用于人口年龄结构且带动其他结构，并产生相应的政治文化、政治观念、政治行为和政治力量，通过相关机制传导到政治系统内，形成新的政治结构。这一过程就是老龄化影响民主政治的过程。

一、世界范围的老龄化

老龄化是一个老年人口占比逐渐增加的过程，学界和业界为了能够更加准确地对不同阶段的老龄化进程所造成的影响作出科学研判，提出了老龄化社会的概念。早在2002年，全球已经整体上步入老龄化社会，只不过，世界范围的老龄化水平差异显著。甚至在部分地区出现了很小幅度的"逆老龄化"现象。但这并不影响持续变老成为世界人口发展的首要特征。随着工业化、现代化与城市化的长足发展，全球整体生育率下降、预期寿命延长，在老龄化持续加深的同时也出现高龄老龄化现象，其所造成的压力并不弱于老龄化进程加快带来的压力。

(一) 人口老龄化的定义与发展历程

老龄化是社会经济发展所导致的人口转变的必然结果，是一个国家社会发展阶段和经济发展水平的镜面反映。只有当一个社会经济发展到了一个较高的水平时，才会出现人口老龄化现象，其核心特征是在预期寿命延长和生育率下降的共同作用下出现老年人口比重逐渐增长的情况。老龄化是一种人口年龄结构变化的趋势，学界和业界为了能够更加准确地对不同阶段的老龄化进程所造成的影响作出科学研判，提出了老龄化社会的概念。按照联合国1956年的定义，如果当一个社会60岁及以上人口占比超过10%，就可以判定为进入了老龄化社会。此后，随着人口预期寿命的持续延长，1982年的世界老龄问题大会把老年群体的界定标准认定为65岁及以上，认为65岁及以上人口占比超过7%就算进入了老龄化社会。这两个定义得到全世界普遍接受，比较来说后者因适应了人口预期寿命延长的实情而被更加广泛使用。包括世界银行、联合国人口司、经合组织等都采用世界老龄问题大会的标准。此后，随着老龄化进程的持续深入，世卫组织将65岁及以上的人口比例达到14%的情况定义为"老龄社会"；比例超过20%，则被定义为"过度老龄社会"；前者还被称为"深度老龄化社会"，后者被称为"超级老龄化社会"。

法国是世界上最早进入老龄化社会的国家，早在1851年其60岁以上人口就达到了10%的标准，在1865年65岁及以上老年人口比例超过了7%。到19世纪末，北欧的瑞典（包括挪威）也进入了老龄化社会。此后，工业化所带来的社会进步尤其是医疗卫生水平的提升使得预期寿命持续延长，而大量妇女进入到社会生产领域也客观上降低了生育率。加之第一次世界大战导致大量青壮男性死在战场上，西欧国家的生育率出现了断崖式下降，再也没能回到一战前水平。西欧大多数国家在20世纪初期开始步入老龄化社会。比如，英国和德国65岁以上老年人口分别在1929年和1932年达到总人口的7%。西欧国家全部在第二次世界大战欧洲战争爆发前进入老龄化社会。二战以后，由于难得的和平和繁荣发展，以及面对人口损失政府制定了优厚的鼓励生育政策，欧洲出现了一段生育高峰，甚至形成了"婴儿潮"。但很快因抚育孩子成本过高、育龄妇女追求事业发展等，欧洲生育率再次大幅下降，并且由西欧向东欧、南欧蔓延。二战以后，欧洲整体生育率持续下降、预期寿命持续延长，再加上青壮年人口向美洲和大洋洲持续移民，因此，除个别国家外，战后30年内欧洲全域进入了老龄化社会。

通过简单回顾上述人口老龄化发展历程，可以发现，人口老龄化是欧洲的一个标签。除了欧洲之外，美国早在1950年就进入了老龄化社会，日本则是在1970年左右步入老龄化社会。不过，目前老龄化并不局限于欧美和日本等高度发达国家，而是成为一种世界范围的发展趋势。工业化、现代化与城市化的长足发展，使得全球整体生育率下降、预期寿命延长，持续变老成为世界人口发展的首要特征。

（二）人口老龄化的现状与发展趋势

持续的预期寿命延长和生育率下降，使得人口老龄化成为世界范围内具有普遍性的人口年龄结构变化。老年人口数量和占总人口的比例都在增加。从比重看，全球65岁及以上人口早在2002年就已经达到7%的老龄化标准，2020年则增长到9.32%。同年，有19个国家达到了20%的超级老龄化水平。其中，日本是全球唯一一个老龄化水平在25年内翻倍的国家，已经超过28%。除日本外，其他超级老龄化的国家全部位于欧洲，如意大利（23.30%）、葡萄牙（22.77%）、芬兰（22.55%）、希腊（22.28%）、德国（21.69%）和法国（20.75%），欧盟总体为老龄化水平20.78%。不过，正如前文所言，老龄化进程与社会经济发展水平高度相关,世界各地的老龄化水平差异较大。如表3-1所示,撒哈拉以南非洲国家65岁及以上人口占比仅为3%左右,并且自1960年以来变化较小,严格地讲并不存在老龄化现象。

从预期看,全球老龄化趋势会不断加剧。《世界人口展望2019》预测全球老龄化水平将在2030年和2050年分别达到11.7%和15.9%。如表3-2所示,《世界人口展望2022》将2050年的全球整体老龄化预测水平提高至16.4%,这意味着老龄化进程加快的预期。老龄化水平存在地区差异,老龄化发展态势也存在明显区别。首先,老年人口增长是由较低出生率和不断延长的预期寿命推动的,而出生率大幅降低和预期寿命大幅增加有较大可能发生在相对落后的国家和地区,即现有出生率较高和预期寿命较低的地区。因此,北非和西亚国家、撒哈拉以南非洲地区、除澳大利亚和新西兰外的大洋洲国家、中亚和南亚国家的老年人口数量,预计将以每年3%以上的速度增长。不过,由于这些地区老年人口比重较低,即便到了2050年老龄化程度也很低。其次,拉丁美洲、东亚和东南亚地区的老龄化水平并不低,且社会经济的快速发展会加快老龄化进程,预计到2050年将实现老年人口比重的翻番。最后,欧洲和北美洲由于生育率下降和人口预期寿命延长的空间相对有限,老龄化趋势将会放缓,但仍将保持较高的人口老龄化水平。全球老龄化是一个量比共同增长的发展趋势,65岁及以上的老年人口预计在2030年将达到9.94亿,到2050年将达到16亿,是5岁以下儿童的两倍多,与12岁以下儿童的数量几乎相同。

表3-1　65岁及以上人口占总人口比重表　　(单位:%)

	1960年	1970年	1980年	1990年	2000年	2010年	2020年
世界	4.97	5.30	5.89	6.16	6.87	7.57	9.32
欧盟	9.53	11.37	13.06	13.50	15.70	17.66	20.78
东亚	3.86	4.00	4.82	5.72	7.02	8.35	11.59

续表

	1960年	1970年	1980年	1990年	2000年	2010年	2020年
撒哈拉以南非洲	3.02	2.99	3.02	3.02	3.01	2.90	3.02
中东和北非	3.70	3.72	3.67	3.74	4.35	4.60	5.44
拉美和加勒比	3.59	3.93	4.36	4.82	5.68	6.87	8.97
北美	8.99	9.86	11.35	12.49	12.36	13.10	16.78
意大利	9.52	11.13	13.36	14.87	18.28	20.43	23.30
希腊	7.05	10.18	12.47	13.56	16.45	19.15	22.28
芬兰	7.33	9.18	12.02	13.44	14.99	17.23	22.55
日本	5.62	6.88	8.91	11.87	16.98	22.5	28.40
韩国	3.37	3.44	4.12	5.23	7.19	10.69	15.79
中国	3.69	3.75	4.67	5.63	6.81	8.07	11.97
尼日利亚	2.82	2.83	2.78	2.88	2.82	2.74	2.74

资料来源：世界银行数据库。

表3-2 世界及各地区65岁及以上人口占总人口比重　　（单位:%）

	2022年	2030年	2050年
世界	9.7	11.7	16.4
撒哈拉以南非洲	3.0	3.3	4.7
北非和西亚	5.5	7.0	12.5
中亚和南亚	6.4	8.1	13.4
东亚和东南亚	12.7	16.3	25.7
拉丁美洲和加勒比	9.1	11.5	18.8
澳大利亚和新西兰	16.6	19.4	23.7
大洋洲*	3.9	5.1	8.2
欧洲和北美	18.7	22.0	26.9
最不发达国家	3.6	4.1	6.1

注：*不包括澳大利亚和新西兰。

资料来源：《世界人口展望2022》。

（三）人口老龄化的特征

与社会发展阶段和经济发展水平息息相关的老龄化进程有其内在演化规律，除了老龄化水平不均衡、量比同步增长等特征外，还存在以下三点关乎老龄化进程发展趋势或社会影响的特征。

一是低收入和中等收入国家将经历最快最显著的人口老龄化进程。过去20年老龄化的增长重心已经出现由欧洲向东亚地区转移的迹象。东亚地区的老龄化速度遥遥领先，韩国的老龄化速度最快。韩国自2000年开始进入老龄化社会，仅比全球整体进入老龄化时间早了两年，远远滞后于欧美发达国家。然而，韩国仅用18年就实现了从老龄化社会向老龄社会的转变，2018年，韩国老龄化水平达到14.82%。日本既是全球老龄化程度最高的国家，也是老龄化速度最快的国家之一。20世纪70年代初期，日本步入老龄化社会，1995年，老龄化水平达到14.30%。此后，老龄化速度未出现明显下降，2019年，日本老年人口比例超过28%，成为世界上唯一出现老龄化水平翻倍的国家。老龄化进程加快和东亚地区几十年来经济高速增长有着必然联系。社会进步带来的少子和高龄现象同时存在，使东亚地区老龄化保持较高增长水平。正因如此，《世界人口展望2022》预估东亚和东南亚2050年的老龄化水平为25.7%，仅比欧美地区低1.2个百分点，但2022年的差距则为6个百分点。

欧美老年人口比重虽高但增速并不显著。同样以从老龄化社会向老龄社会的过渡时长为例，法国是最早步入老龄化社会的国家，也是完成倍增过程耗时最长的国家，用了126年。瑞典用了85年、美国75年、英国46年、德国40年、芬兰34年、希腊33年。需要强调的是，如表3-3所示，虽然长期以来欧美地区的老龄化增速并不显著，但在预期寿命延长、死亡率趋稳且略有下降、妇女生育率逐年下降、首胎平均生育年龄逐渐提高，以及在二战后"婴儿潮"后期出生的人口即将成为老年群体等因素共同作用下，欧美老龄化增速出现提升，在

2010年后尤为突出。在全球"变老"的同时，部分地区由于处在人口转变的起步阶段，从发生的时间看，出生率的增长和婴幼儿死亡率的下降要早于预期寿命的延长。因此，其他年龄段人口与老年人口同步增长，甚至前者要早于和多于后者，这使得非洲和中东地区的老龄化程度并未发生明显变化，撒哈拉以南非洲甚至出现过老龄化比例负增长。比如，尼日利亚出生率高达36.61‰，婴儿死亡率为63.54‰，人口自然增长率高达26.10‰，人均预期寿命仅为54.1岁，因此几乎不存在人口老龄化。

表3-3 欧盟、欧洲三国及东亚两国老年人口比例年均增长百分点

	1960—1970年	1970—1980年	1980—1990年	1990—2000年	2000—2010年	2010—2018年
欧盟	0.176	0.171	0.048	0.195	0.180	0.301
意大利	0.161	0.223	0.151	0.342	0.214	0.290
希腊	0.313	0.229	0.109	0.289	0.270	0.313
芬兰	0.185	0.284	0.142	0.155	0.224	0.561
韩国	—	—	—	—	—	0.466
日本	—	—	—	—	—	0.635

资料来源：世界银行。

二是高龄化程度继续加深。除了上文提到的用老年人口比重划分老龄化社会类型以考察老龄化发展阶段之外，高龄化（80岁及以上的老年群体占总人口比重）也可以用于反映老龄化社会人口年龄结构老化特征。工业化、现代化和城市化的长足发展使得对人类寿命至关重要的生活水平、居住环境和医疗技术都大幅提升，人类寿命不断延长。2019年全球人口出生时预期寿命达到72.8岁，较1990年提高了约7.5年。其中，中国香港、中国澳门、新加坡、日本、韩国等地人口出生时预期寿命已经达到或非常接近85岁。可以说，高龄化已然成为

未来人口发展的重要趋势。高龄老年人口增速要快于老年群体整体的增长速度。1990 年，全球 80 岁及以上的老年人口约 5400 万，2020 年则增长到 1.45 亿，高龄人口占比从 2000 年的 1.02%增长到 2020 年的 1.9%。比较而言，发达国家过去 20 年的高龄化趋势尤为明显。如表 3-4 所示，2000 年至 2020 年，发达国家 80 岁及以上老年人口从 3680 万人增至 6702 万人，占全部人口的比重从 3.1%增至 5.3%，增长了 2.2 个百分点，整体水平和增长速度都显著高于全世界总体水平。而除中国外的发展中国家高龄化现象并不普遍，80 岁及以上老年人口比重从 0.6%增至 1.0%，整体水平和增长趋势较弱。

虽说欧洲人口老龄化增速比较缓慢，但高龄老人占比较高的现象远比东亚地区较高的老龄化速度造成的影响更为深远。希腊和意大利高龄老人占全部人口比重高达 7.5%，德国也达到了 7%的水平，西班牙、葡萄牙和法国则超过了 6%。高龄老人几乎完全成为消费力量而非生产力量，除了高额的养老金支出之外，长期护理的岗位需求与年轻人就业选择之间存在较大分歧，由此形成的养老压力迫使政府不得不采取吸纳移民的方式来应对劳动力不足的现状，并由此引发一系列社会问题。

表 3-4 2000—2020 年高龄化状况

	80 岁及以上老年人口数量（万人）			80 岁及以上老年人口比重（%）		
	2000 年	2010 年	2020 年	2000 年	2010 年	2020 年
世界	7171	10418	14550	1.2	1.5	1.9
发达国家	3680	5247	6702	3.1	4.3	5.3
发展中国家*	2167	3356	5060	0.6	0.8	1.0

注：*不包括中国。

资料来源：刘厚莲：《世界和中国人口老龄化发展态势》，载《老龄科学研究》，2021 年第 12 期，第 1—16 页。

三是人口老龄化进程将贯穿整个21世纪,除非出现极不寻常现象,否则难以逆转。相对落后的地区尚不存在比较明显的老龄化现象,但不可否认的是,这些地区已经处在老龄化进程的发端阶段。只要经济有所发展,随之而来的低死亡率和低出生率必然形成老龄化。比如,目前撒哈拉以南非洲的生育率相较于1990年已经出现明显下降,虽然还未反应到老年群体比重上,但这是开启老龄化进程的信号。而对于那些已经有所发展的地区,如东亚、东南亚及拉丁美洲,人口老龄化进程将会开启"加速"模式,且呈现规模大、进展快、内部不均衡和低龄化老年群体比重大等特征。欧美发达国家生育率早已跌破保持人口数量平衡所需的2.1。近些年虽然出台了很多鼓励妇女生育的政策,生育率略有上升。然而,政策助力下的生育率回升背后仍然存在两方面问题。一方面,生育率的回升速度远不及老年群体寿命的延长速度,具有高龄化特征的老龄化趋势加剧。另一方面,欧洲国内移民群体和本土居民对鼓励生育政策的接受度差异明显,生育率的小幅回升很大比例来源于外来移民在政策加持下的高生育率。这种生育格局对老龄化的改善价值并不大,反而加速国内族群结构的改变,产生其他方面的影响。总之,在现有生育率格局下,全球老龄化难以在21世纪出现逆转迹象。

二、老龄化对人口结构及经济社会发展的影响

从人口变迁的角度看,老龄化既是人口转变的结果,也是人口年龄结构变化的动力。因此,除了老年人口占比持续上升这一核心特征外,人口年龄中位数上升、抚养比攀升、移民人口增加等其他人口结构变化也会伴随老龄化出现。并且,老龄化具有较强的溢出效应,在改变人口结构的同时也会对经济社会产生重大影响。可以说,老龄化是一个自然的人口变迁现象,并不存在明显的感情色彩,甚至需要经济发展达到较高水平才能出现。但是,老龄化过程也是一个人口年龄结构向"非健康"状态发展的过程,非"生产型"的人口结构会对经济、社会和文化的方方面面产生负面影响,甚至形成老龄化危机。本节主要讨论老龄化进程对其他人口结构的影响以及对经济社会发展的溢出效应。然而,前文已经分析到,全球老龄化水平在地区间存在巨大差异而并不适合进行上述讨论。因此,作为最早开始老龄化进程也是老龄化程度最深,并且已经在诸多成员国出现了老龄化危机的欧盟,比全球整体数据更适合作为样本进行研究。

(一) 老龄化视角下欧盟人口结构变化

欧盟是老龄化程度最严重的地区,但这一概述并不能完全展现欧盟老龄化的全貌和特征。除了老年群体占人口比重较高之外,欧盟老龄化至少还具有静态增长和增速开始加快的特征。在这样的背景下,欧盟人口结构至少发生了如下三种变化。

第一,年龄中位数逐渐上升。从年龄结构的角度看,社会类型可以分为年轻型、成年型和老年型三类。判断依据则是老年人口比重(老年系数)、少儿人口比重(少儿系数)、老年人口和少儿人口比值以及年龄中位数四个主要指标。如果一个国家或地区老年人口比例超过7%、少儿人口比例低于30%、老少比在30%以上、年龄中位数大于30,则可以判定这个国家或地区已经进入老年型社会。[①] 如表3-5所示,按照这一标准,欧盟2018年少儿系数为15.6,老年系数为19.7,老少比高达126.28%,年龄中位数更是高达43.1,早已经是老年型社会。欧盟人口老少比非常高,仅能够说明老年人口比重大,并不能准确反映欧盟老龄化实际情况。那些快速发展的地区,在较短时间内老龄化水平翻番,同样会出现比较高的老少比。不过,后者的一个突出特点是低龄老龄化,老年群体集中在65—70岁这个年龄段。这部分群体对社会的依赖度相对较低,老龄化的压力在短时间内并不严重。然而,图3-1表明,欧盟年龄中位数逐年增长且偏高,这证明欧

[①] 刘书明、常硕:《中国人口年龄结构特征与变化趋势分析——基于1995~2014年数据的实证研究》,载《西北人口》,2017年第1期,第1—11页。

盟老年人口的年纪较大，高龄老年人口在老年人口中占据了相当的比重，几乎每三个老年人中就有一个是超过80岁的高龄老人。这进一步支持了欧盟人口老龄化严重的判断。

表3-5 欧盟人口年龄结构类型指标及变化

	国际标准			欧盟实际情况			
	年轻型	成年型	老年型	2001年	2008年	2011年	2018年
少儿系数（%）	>40	30—40	<30	17.0	15.8	15.7	15.6
老年系数（%）	<4	4—7	>7	15.8	17.1	17.6	19.7
老少比（%）	<15	15—30	>30	92.94	108.23	112.11	126.28
年龄中位数	<20	20—30	>30	38.3	40.4	41.3	43.1

资料来源：http：//appsso.eurostat.ec.europa.eu/nui/submitViewTable Action.do。

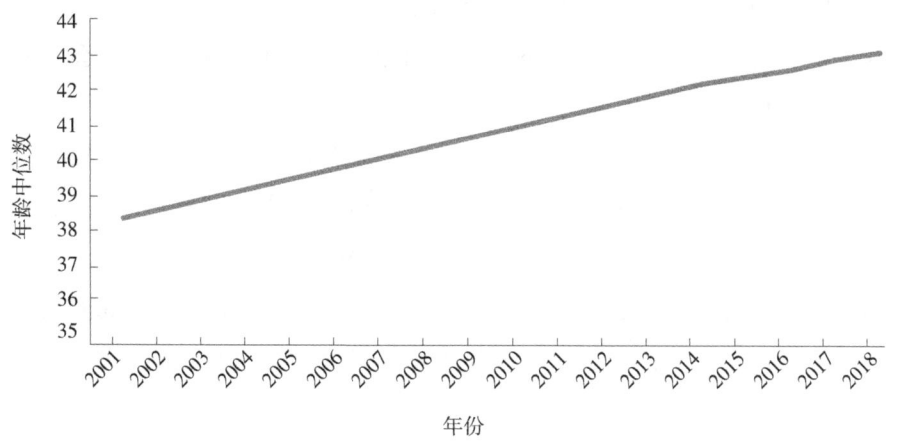

资料来源：http：//appsso.eurostat.ec.europa.eu/nui/submitViewTable Action.do。

图3-1 欧盟人口年龄中位数变化示意图（2001—2018年）

第二，总抚养比攀升。总抚养比是指非劳动年龄人口数与劳动年龄人口数之比，主要反映的是社会经济负担情况。其中，非劳动人口可分为少儿非劳动人口和老年非劳动人口。由此可知，老龄化与总抚养比并不一定正相关，在出生率和死亡率的共同作用下，造成老龄化程度加深的因素，即出生率下降所带来的少儿人口比重下降存在降低总抚养比的可能。

当社会处于年轻型或者成年型早期阶段时，总抚养比同样较高，原因在于高出生率带来了体量可观的少儿非劳动人口。比如，2020年喀麦隆少儿人口的比重高达42.06%，老年人口比重仅为2.72%，总抚养比高达81.09%。看似失衡的抚养比在某种程度上代表着另外一种意义上的"健康"：超高抚养比主要是由少儿抚养比构成的（93.93%），这意味着将来会有大量非劳动人口向劳动人口转移，蕴藏着巨大的人口红利，因此，这是一种具备发展前景的超高抚养比。

反观欧盟，总抚养比长期居高不下则预示着一定的危机。不同于年轻型社会，欧盟较高水平的总抚养比则是由少儿非劳动人口和老年非劳动人口共同作用形成的，并且在不同阶段二者的比例、作用也不尽相同。当老年人口抚养比对总抚养比的作用超越少儿抚养比后，抚养比开始朝着恶化发展。接下来结合相关数据具体分析欧盟社会总抚养比的变化及危害。

由图3-2可知，欧盟总抚养比整体呈现较平缓的"U"型趋势，少儿抚养比整体呈下降趋势，老年人口抚养比呈上升趋势。由图3-3可知，少儿抚养比对总抚养比的贡献从1960年的73.21%逐年下降到2020年的42.05%，进入21世纪后，老年人口抚养比对社会抚养比的作用超越少儿抚养比，这一发展趋势正好符合欧盟老龄化的发展进程。

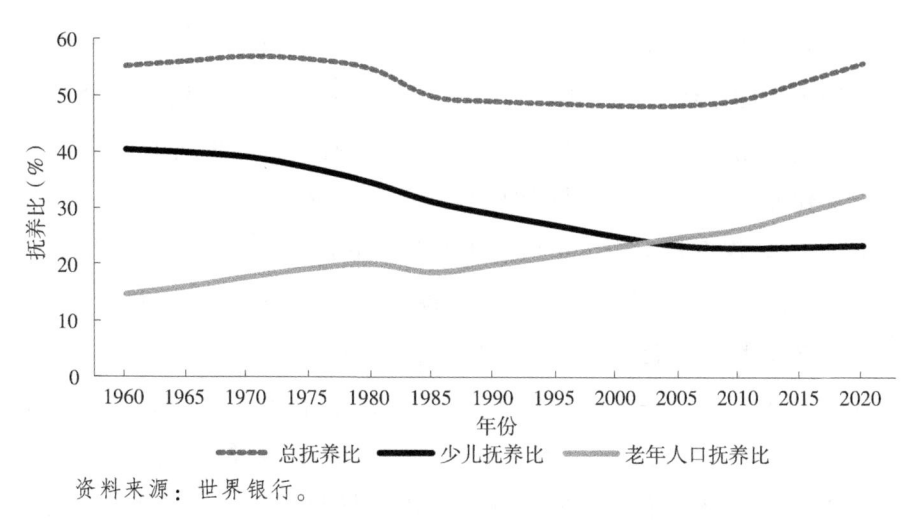

图 3-2　1960—2020 年欧盟总抚养比发展趋势图

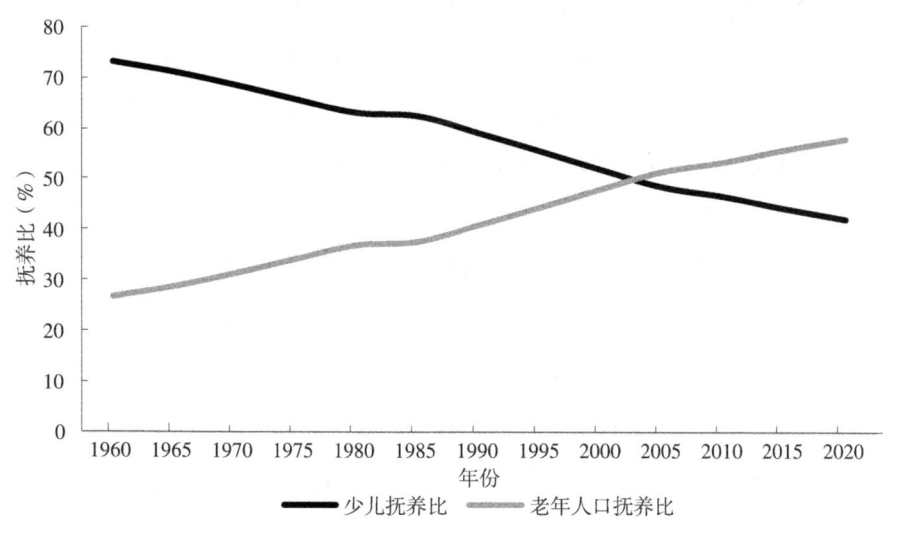

图 3-3　1960—2020 年少儿抚养比与老年人口抚养比发展趋势

欧盟的总抚养比发展趋势非常值得研究。根据图 3-2 中总抚养比呈现的"U"型趋势，自 1960 年以来可以分成三个发展阶段，分别是 1960—1985 年的下降阶段、1985—2010 年的趋平阶段、2010—2020

年的增长阶段。在第一阶段前半部分（1960—1970年），总抚养比呈现略微上涨的走势，这是由于二战后"婴儿潮"带来了较高的少儿抚养比，同时老龄化也使老年人口抚养比有所提升，在两者共同作用下总抚养比呈现上升趋势。同样的原因，第一阶段的后半段（1970—1985年）呈现下降走势主要源于随生育率下降而大幅降低的少儿抚养比。第二阶段的总抚养比之所以能够保持25年之久的低稳发展，在于少儿抚养比下降和老年人口抚养比上升实现了总抚养比的动态平衡。表3-6显示，1985—2010年的25年间，少儿抚养比下降8.12个百分点，老年人口抚养比上升7.63个百分点。第三阶段总抚养比上升主要源于2010年后老龄化速度明显加快，进而导致老年人口抚养比大增，与此同时，生育率已经稳定在较低水平，少儿抚养比基本上固定在23%—24%间。通过老龄化进程加快、死亡率和出生率趋向稳定的发展趋势不难看出，总抚养比在未来仍然会持续攀升，达到一个相当高的水平。并且，与年轻型社会超高总抚养比潜藏巨大人口红利不同的是，欧盟接下来所面临的超高总抚养比更多地指向消极方面。

表3-6 1960—2020年欧盟总抚养比主要指标 （单位:%）

年份	总抚养比	少儿抚养比 比值	少儿抚养比 对总抚养比贡献率	老年人口抚养比 比值	老年人口抚养比 对总抚养比贡献率
1960	55.26	40.46	73.21	14.80	26.79
1965	56.10	39.95	71.22	16.14	28.78
1970	56.95	39.11	68.67	17.84	31.33
1975	56.49	37.18	65.82	19.31	34.18
1980	54.81	34.59	63.10	20.23	36.90
1985	49.88	31.13	62.41	18.75	37.59
1990	48.70	27.02	59.00	21.68	41.00
1995	49.09	27.39	55.43	22.02	44.52

续表

年份	总抚养比	少儿抚养比		老年人口抚养比	
		比值	对总抚养比贡献率	比值	对总抚养比贡献率
2000	48.34	25.05	51.83	23.29	48.17
2005	48.35	23.43	46.47	24.92	51.53
2010	49.39	23.01	44.16	26.38	53.41
2015	52.57	23.21	44.84	29.17	55.84
2020	55.91	23.51	42.05	32.40	57.95

资料来源：世界银行。

如表3-7所示，整体上看，欧盟劳动人口（15—64岁人口）比重在近60年间并未发生明显变化，在65%上下浮动。劳动人口数量则随着总人口的增加而有所增长，由1960年的26 397万人增长到2020年的32 972万人。劳动人口比重并未下降，绝对数量也在增加，但欧盟劳动力紧缺也是不争的事实。为什么会出现看似矛盾的情况呢？究其原因，在于"15—64岁人口"只是名义上的劳动人口，与实际劳动人口存在差异。一是实际工作年龄几乎不可能从15岁起，尤其是在平均40%的青年接受过高等教育、部分接受更高阶教育的背景下，教育年限增加使实际工作年龄提高，真正进入劳动力的年限减少；[1] 二是存在提前退休、年龄歧视等制度性障碍，致使老年劳动参与率显著下降，比如，欧盟27国55—64岁老年劳动力在2000年就业率仅为30%左右，2010年在积极政策的引导下增长到46.3%，这就造成了劳动力市场上的年龄/就业困境；[2] 三是受家庭照顾、性别歧视、传统文化等多重因素制约，欧盟女性劳动参与率并不算高。在上述三种因素的共同

---

[1] 王玉珏：《欧盟提前两年实现2020年目标：40%的青年接受过高等教育》，载《世界教育信息》，2018年第12期，第74页。
[2] 柳清瑞、孙宇：《人口老龄化、老年就业与年龄管理——欧盟国家的经验与启示》，载《经济体制改革》，2018年第1期，第158页。

制约下，欧盟实际劳动人口大幅低于名义上的劳动人口，这为欧盟劳动人口比重大体不变、数量略有增加但仍劳动力紧缺问题提供了解释。

表 3-7 1960—2020 年欧盟人口数量与年龄结构主要指标

年份	总人口数（万人）	0—14 岁人口 数量（万人）	0—14 岁人口 比例（%）	15—64 岁人口 数量（万人）	15—64 岁人口 比例（%）	65 岁及以上人口 数量（万人）	65 岁及以上人口 比例（%）	出生率（‰）	死亡率（‰）
1960	40 931	10 515	25.69	26 397	64.49	4019	9.82	18.58	10.23
1965	42 738	10 813	25.30	27 403	64.12	4522	10.58	17.96	10.28
1970	44 199	10 970	24.82	28 111	63.60	5118	11.58	16.37	10.55
1975	45 454	10 786	23.73	28 963	63.72	5704	12.55	14.78	10.63
1980	46 422	10 296	22.18	29 951	64.53	6169	13.29	13.89	10.61
1985	47 050	9683	20.58	31 335	66.60	6032	12.82	12.88	10.66
1990	47 772	9253	19.37	31 941	66.86	6578	13.77	12.37	10.43
1995	48 422	8876	18.33	32 409	66.93	7137	14.74	10.77	10.34
2000	48 822	8373	17.15	32 774	67.13	7675	15.72	10.59	9.99
2005	49 598	7965	16.06	33 350	67.24	8283	16.70	10.45	9.82
2010	50 430	7897	15.66	33 697	66.82	8836	17.52	10.75	9.72
2015	50 972	7906	15.51	33 341	65.41	9725	19.08	10.02	10.24
2020	51 456	7934	15.42	32 972	64.08	10 550	20.50	9.33	10.40

注：为了保持一致，2020 年数据包括英国。

资料来源：世界银行。

总之，20 世纪后半期以后，由于欧盟各国生育率和死亡率不断下降，人口老龄化速度加快，导致总抚养比构成偏向非健康结构，引发劳动力不足。

第三，移民数量持续增长。欧洲自古以来就有移民传统。不过，17 世纪到 20 世纪中叶，欧洲国家移民大体呈现向美洲净流出状态。直到第二次世界大战结束以后,由于大量青壮年人口在战争中被损耗,欧洲国家的劳动力难以满足战后经济恢复尤其是欧共体成立后市场扩大对劳动力的需求。因此,欧洲国家尤其是欧共体成员开始主动寻求引进外部劳动力,逐步实现了由国际移民迁出地区向国际移民迁入地区的逆转。应该看到,欧洲部分国家由移民迁出国转变成移民迁入国,有着十分特殊的时代背景,但此后一直延续的移民政策和迁入事实,则在很大程度上与人口老龄化加深有关。

比较来看,欧盟国家老龄化明显早于移民流动趋势的逆转,但二战前老龄化并未对欧洲各国的劳动力供给形成较大影响。原因在于,老龄化进程在开始阶段,是一种动态的老龄化发展趋势,即老年人口增长率与出生率都保持在相当水平,只是老年人口增长率更高才导致老龄化程度加深,因此西欧各国尚能够通过正常的人口更替满足劳动力供给的需求。二战后,受避孕技术普及、经济持续发展、妇女地位提升、受教育年限和劳动参与率提升、未成年人抚养成本增高等多种因素影响,欧盟国家的生育率出现明显下降,逐渐不能通过正常自然生育实现人口更替。这也正是欧盟坚持吸收移民的原因。可以说,欧盟诸国的移民政策是在老龄化进程加快、人口负增长、劳动力供给乏力背景下的选择,短时间内不会有所改变。2017年,欧盟共计发生了440万人次的移民案例,其中有240万人次从非欧盟国家进入欧盟国家,其余为欧盟国家间内部流动,多由新加入欧盟的中东欧国家移向经济状况相对比较好的西欧、北欧国家。具体到单一国家来看,德国是接收移民最多的国家,为91.7万人,接下来依次为英国(64.4万)、西班牙(53.2万)、法国(37万)、意大利(34.3万)、波兰(20.9万)、荷兰(20万)。上述七国接收移民占欧盟总移民的73.07%,其他国家接收移民的绝对数量并不多。然而,其他欧盟国家由于国民数量较少,其移民绝对数量虽小但相对比例同样很高,甚至一些小国因人口基数太小而具有很高的移民比例。比如,马耳他在2017年的移民率最高,每1000人就有46人具有移民背景;其次是卢森堡，每1000人中有41人具有移民背景。

虽然从表面上看240万非欧盟成员国移民仅占欧盟总人口（5.12亿）的0.47%，一次输入对于人口结构的改变意义不大。然而，如果把这一数据同时间变量联系起来，即把长达70年之久的移民吸收过程考虑进来，持续积累的数量是不可忽视的。根据欧洲统计局数据，截至2022年1月1日，居住在欧盟成员国并拥有非成员国公民身份的人数为2370万人，占欧盟27国总人口的5.3%。这一排除了每年按照指标赋予外来移民公民身份情况的数据，也近10倍于2017年外来移民占欧盟总人口比例。如果考虑被赋予公民身份的外来移民，这一数据将会十分可观。毕竟，仅2017年就有82.5万外来移民被赋予公民身份，这一数据在2016年更是高达99.4万人。同时，移民并非均衡分布，由于社会环境、经济水平及移民政策的不同，不论是常规移民还是难民目的地国家都有一定的集中性，德法英意西五国占据了一半以上（2017年五国比例为63.77%）。此外，外来移民总体较为年轻，2017年外籍移民的平均年龄为28.3岁。并且，外来移民生育意愿更高，整体生育率数倍于欧盟当地居民，移民群体的人口增长速度远高于当地居民。

（二）老龄化迟滞经济发展

老龄化进程开始加快以及程度持续加深对经济层面的直接影响主要表现为体量巨大的老龄化成本会对经济发展的不同层面形成负面影响并迟滞经济发展。

从微观层面看，伴随老龄化进程所增加的老年抚养比会给政府财政带来巨大压力，乃至造成主权债务危机。按照联合国经济和社会事务部人口司的划分标准（以25—64岁人口为劳动人口），早在2019年欧盟老年支助比（old-age support ratio）就已经下降到3左右，这意味着不足3个劳动力缴费供养一位退休的老年人口。根据相关模型计算，到2050年欧盟大部分国家的支助比将会低于2，德国将会下降到1.6，意大利、希腊、葡萄牙则为1.4，西班牙最低，为1.3。这是一组非常危险的数据，一般老年支助比应该维持4以上，即至少需要4个工作劳动力支持一名老年人的退休金，如果低于这个标准则将影响养老金长期收支平衡及财务可持续性，甚至引发养老体系的崩溃。

欧盟各国政府在养老金发放中发挥着不可替代的作用，尤其是在"现收现付制"模式下，需要由政府调控养老金收缴与支出的动态平衡，政府承担兜底责任。这种模式给政府带来了巨大压力，在经济形势尚好、老龄化并不严重的时候，政府还能承担巨额的养老金补贴。但当下的形势则与之相反，"生产型"人口结构的有力支撑缺失，现行的"现收现付制"模式下的代际动态平衡被打破，养老资金池的流入与流出大规模失衡，迫使欧盟各国只能利用财政额外补贴的方式维持养老金支出。欧洲自两次"石油危机"后，经济下行趋势明显，尤其是在遭受2008年国际金融危机打击之后，经济发展疲软，甚至有些国家出现连续负增长情况，到目前为止经济复苏也没有真正实现，政府的税收和财政都比较困难，但福利政策具有刚性特征，一旦提高标准很难再降下来。欧盟老龄化进程已经步入快车道，快速增长的老年人口使老年抚养比持续上升，养老金的支出也会随之攀升，且呈现占比高和增长快的特征。举例来看，2014年欧盟平均养老金支出已经占到了国内生产总值的13%，希腊在2013年更是高达17.7%。希腊的养老金支出在2004年到2013年的10年间增长了56.64%，如果债务危机爆发后对公共养老金支出进行了必要调控，这一快速增长趋势可能会更加显著。此外，针对老年群体的公共财政支出不仅局限在养老金上，面向老年人医疗保障和长期照顾的财政支出也不容忽视。前述三者共同构成了狭义"老龄化成本"的主要部分，并且在政府整个社会保障支出中也占据主要部分，一般在40%以上。因此，政府只能通过压缩其他支出及大规模借贷的方式来维持高福利的养老金制度。然而，税收尚不能很好地满足对养老金的补贴，大规模借贷只能是越发"债台高筑"而无力偿还。如果再缺少独立的货币政策，财政赤字则会引发主权债务危机。

从中观层面看，老龄化成本会造成财政支出结构失衡。在老龄化程度持续加深的背景下，欧盟各国迫于老龄化成本继续提高的现实，只能选择一种不太科学的财政支出结构来满足日益增长的养老金需求，即压缩其他项目的支出来保障养老金的补贴，这在很大程度上弱化了财政的调控能力。以教育支出为例，欧洲统计局就已经指出了"政府教育支出占国内生产总值的比例继续下降"的问题，如表3-8所示，这一下降进程已经持续了十年之久，由2009年的5.1%下降到2017年的4.6%。并且，在其他领域，如经济事务领域也呈现出类似的发展趋势，尤其是在老龄化程度比较深的国家，财政支出结构的不合理性更为明显。

从表3-8中还可以发现，在2006年到2019年的14年间，欧盟总体财政支出占国内生产总值的比重呈现出倒"U"型走势，2019年基本恢复到2006年的水平。然而社会保障支出则未能与总体支出实现同步变化。也就是说，社会保障支出占国内生产总值比重回落幅度较小，2019年的占比明显高于2006年。并且，在社会保障支出中占据大头的养老支出更是未出现明显回落。可以说，养老金支出基本上与社保支出同步增长，而其他项目尤其是不涉及老年群体的项目则出现不同幅度的下降，或是持平。这表明，老龄化持续发展进一步恶化了财政支出结构。

表3-8　2006—2019年欧盟各国财政项目支出占国内生产总值比例（单位:%）

支出项目	2006年	2007年	2008年	2009年	2010年	2011年	2012年
总共	46.4	45.6	46.7	50.7	50.5	49.1	49.7
一般公共服务	6.8	6.8	7.0	7.2	7.1	7.2	7.4
防务	1.3	1.3	1.3	1.4	1.3	1.3	1.3
公共安全	1.6	1.6	1.7	1.8	1.8	1.7	1.7

续表

支出项目	2006年	2007年	2008年	2009年	2010年	2011年	2012年
经济事务	4.5	4.3	4.6	5.1	5.5	4.8	4.9
环保	0.8	0.8	0.8	0.8	0.8	0.8	0.8
住房	0.8	0.8	0.8	0.9	0.8	0.7	0.7
健康卫生	6.6	6.5	6.7	7.3	7.2	7.1	7.1
娱乐文化宗教	1.2	1.2	1.2	1.3	1.3	1.2	1.2
教育	4.8	4.7	4.7	5.1	5.0	4.9	4.9
社会保障	18.0	17.6	17.9	19.8	19.7	19.4	19.8
伤残	2.5	2.5	2.6	2.8	2.8	2.7	2.8
养老	9.3	9.2	9.5	10.3	10.3	10.3	10.5
救助	1.6	1.5	1.5	1.7	1.6	1.6	1.7
家庭	1.6	1.6	1.6	1.8	1.8	1.7	1.8
失业	1.7	1.5	1.4	1.9	1.8	1.7	1.7
其他	0.3	0.3	0.3	0.4	0.3	0.3	0.3

支出项目	2013年	2014年	2015年	2016年	2017年	2018年	2019年
总共	49.6	49.0	48.1	47.3	46.7	46.5	46.5
一般公共服务	7.2	7.0	6.6	6.3	6.1	6.0	5.8
防务	1.2	1.2	1.2	1.2	1.2	1.2	1.2
公共安全	1.7	1.7	1.7	1.7	1.7	1.7	1.7
经济事物	4.6	4.6	4.6	4.3	4.4	4.4	4.4
环保	0.8	0.8	0.8	0.8	0.8	0.8	0.8
住房	0.7	0.6	0.6	0.6	0.5	0.6	0.6
健康卫生	7.1	7.1	7.1	7.0	6.9	6.9	7.0
娱乐文化宗教	1.2	1.2	1.1	1.1	1.1	1.2	1.2
教育	4.9	4.9	4.8	4.7	4.7	4.7	4.7

续表

支出项目	2013年	2014年	2015年	2016年	2017年	2018年	2019年
社会保障	20.0	19.9	19.7	19.7	19.4	19.2	19.3
伤残	2.8	2.8	2.8	2.8	2.7	2.7	2.7
养老	10.7	10.7	10.6	10.5	10.4	10.4	10.4
救助	1.7	1.6	1.6	1.6	1.6	1.5	1.5
家庭	1.8	1.7	1.7	1.8	1.8	1.8	1.8
失业	1.7	1.7	1.5	1.5	1.4	1.3	1.3
其他	0.3	0.3	0.3	0.3	0.3	0.3	0.3

资料来源：欧洲统计局。

从宏观层面来看，伴随老龄化进程加快而来的三个潜在风险是经济增长减缓、财政收入减少、公共支出增加。不同于对财政支出和政府债务直接且明显的负面影响，老龄化对宏观经济发展的影响是通过中介变量来实现的，并且影响机制和效果都比较复杂。除了财政支出结构不合理、政府债务过重及溢出效应给宏观经济发展造成负面影响外，老龄化还会影响到生产效率、储蓄与投资、人力资本、产业结构等，在总体上产生一种"弊大于利"的影响。

国际上普遍把45岁作为劳动效率的分界点，认为超过45岁将会出现一个明显的劳动效率下滑过程。[①] 目前，欧盟人口年龄中位数已经超过43，且呈现逐年增加趋势。这也就是说，欧盟将会有一半的人口年龄超过45岁，处在劳动效率偏低的状态。伴随科学进步而来的是新的行业、职业和工种，纷繁复杂和愈加深入的社会分工要求较强的适应能力、较新的知识技术结构及较高的社会劳动效率，而欧盟偏向老龄化的劳动力难以与之匹配，就会对经济发展形成制约。

---

① 熊必俊：《人口老龄化与可持续发展》，北京：中国大百科全书出版社，2002年版，第133页。

学界普遍认为，老龄化与储蓄水平存在明显的负相关关系。一方面，老龄化导致抚养比上升，赡养老人需要花费大量财富，自然降低了储蓄率。① 另一方面，在欧盟诸国尤其是西欧和北欧的养老模式和文化影响下，老年群体有着明显的消费意愿，老龄化发展必然会增加社会消费意愿。② 由于文化、思维和社会保障制度的影响，欧盟居民更侧重于消费而不太重视储蓄，这与老龄化的负面影响叠加会进一步降低储蓄率。然而，适当的储蓄对于经济发展是必须的，过低的储蓄率可能会导致投资减少，影响经济发展。③

　　老龄化对宏观经济的负面影响也体现在人力资本减少这一问题上。人力资本不仅体现在人口数量上，也反映在人口质量上。一方面，人口老龄化会导致劳动力相对数量减少，甚至发展到一定程度后会减少劳动力的绝对数量，尤其是熟练工人的绝对数量。劳动力不足对经济发展的制约性不言而喻。④ 另一方面，如表3-8所示，老龄化成本会压缩教育、培训方面的财政支出，欧盟在2017年的教育支出仅占国内生产总值的4.7%，不仅在历史上处于最低水平，且呈继续下降趋势，而希腊、意大利、爱尔兰等发达国家则低于4%。如此，教育和培训方面投入的变动导致人力资本投资的减少，进而在一定程度上影响劳动力素质。总体上，老龄化会通过降低劳动力的数量及质量来降低欧盟人力资本，对经济增长产生不利影响。

　　从更宏观的角度来看，人口老龄化也会影响到一个地区甚至国家的产业结构，两者大体上呈现出统计意义上的一致性。老龄化对不同

---

① Loayza Norman, K. Schmidt-Hebbel and Luis Serven, "What Drives Private Saving Across the World?", *The Review of Economics and Statistics*, Vol. 82, No. 2, 2000, pp. 165-181.

② Pietro Senesi, "Population Dynamics and Life-Cycle Consumption", *Journal of Population Economics*, Vol. 16, No. 2, 2003, pp. 389-394.

③ Richard N. Cooper and Peter G. Peterson. *Gray Dawn: How the Coming Age Wave Will Transform America and the World*, New York: New York Times Books, 1999, p. 75.

④ Willi Leibfritz and Werner Roeger, "The Effects of Aging on Labor Markets and Economic Growth", *Journal of Population Economics*, Vol. 14, No. 2, 2003, pp. 34-63.

产业的影响是不同的，会对第一、第二产业造成比较明显的负面影响，①而对第三产业起到促进作用，如医疗产业、老年看护产业等。②应该说，老龄化对产业结构的优化具有正向作用，然而，欧盟的第三产业已经十分发达和成熟，老龄化对产业结构的优化作用意义比较有限，但会对第一、第二产业造成冲击。从这一角度来看，老龄化对产业结构的影响也是负面居多。

通过上述对不同领域影响的简单讨论，可以说，老龄化对于宏观经济的发展虽不是"一无是处"，但总体上还是以负面影响为主。老龄化尤其是进程逐渐加快的老龄化确实在方方面面制约着经济发展。

（三）老龄化加速社会撕裂

欧盟当前面临社会分裂的问题，不同群体、不同族裔和不同阶层间存在着比较严重的不满甚至敌视现象，这是多种因素长期作用造成的。老龄化不断加剧以及由此引发的老龄化危机是造成社会撕裂的主要推手之一，至少从如下三个方面加速社会撕裂。

一是福利改革引发社会矛盾。因福利政策未能同步于经济发展水平而引发的"福利超载"问题，很难在欧盟现有的经济形势下通过改善经济状况得到解决，欧盟各国只能反过来通过适当地削减福利来适应经济发展水平。否则，任由"福利超载"发展将会诱发全方面的危机。因此，虽然明知存在巨大的政治风险，但欧盟成员国政府从未放弃过养老政策改革。虽然各成员国改革幅度存在差异，但不论是下调养老金水平、提高养老金缴费率及延长退休年龄，还是开展"部分私有化"改革，都是对养老福利进行直接或间接的削减。由于民众对既得福利待遇具有只允许上升、难以接受下降的基本心理预期，公共福

---

① U. Thiessen, "Aging and Structural Change", *Discussion Papers of Diw Berlin*, Vol. 17, No. 2, 2007, pp. 27-32.

② Hashimoto K I and Tabata K, "Population Aging, Health Care, and Growth", *Journal of Population Economics*, Vol. 23, No. 2, 2010, pp. 571-593.

利支出表现出易升难降的刚性特征。自然，养老金政策改革造成的养老福利减少会引发退休和临近退休人员的强烈不满。罢工、游行示威甚至骚乱冲突都可能随之发生。一般情况下的游行示威能够将民众的不满情绪传递给政府，具有一定的积极意义。然而，大规模的游行示威和罢工往往掺杂社会极端情绪，打砸抢烧等非法行为会进一步激化社会矛盾。

二是移民持续增加造成"文明冲突"。欧洲有着奉行多元主义文化的传统，标榜在多元文化社会中尊重和支持各个文化群体的独立与发展。由于当下欧洲多元文化社会很大程度上是因为大量吸收移民形成的，对多元文化的保护在某种意义上是对外来移民的尊重。然而，所谓的"多元文化主义"有一个根本前提，即西方的主流文化要占据绝对主导地位，以自上而下的强势姿态对其他文化、文明进行包容、尊重甚至同化，以凸显政治正确。然而，移民持续增加导致文化越来越多样、居民成分越来越复杂，随之而来的是主流文化和主体居民的主导地位受到威胁。尤其是随着大量穆斯林移（难）民的到来，其带来的伊斯兰文化对外具有十分强烈的保守和封闭特征，难以与主流文化进行必要的交流和融合，因而在很大程度上导致"多元文化主义"难以进行下去。因此，德、英、法三国领导人几乎同时发声，认为"构建多元文化社会的政策已经彻底失败"。[1] 本书第五章将专门讨论国际移民对西方民主政治的影响，分析欧盟外来移民的具体影响。

三是显化社会代际矛盾。欧洲家庭代际关系更多地表现出"单向接力"特征，即只强调父代对子代的抚养，而不要求子代对父代的赡养。从这个角度来看，在家庭关系中，老龄化加剧而增加的养老负担并未直接向下传递，老龄化并未对家庭间的代际关系产生明显的负面影响。甚至，老年人颇高的退休金、对孙辈的照料等成为家庭的重要资源，尤其是对于那些收入水平低、生活状况不佳的成年子女而言。

---

[1] 王联:《欧洲多元文化主义为何陷入发展困境》，载《人民论坛》，2019年第20期，第127页。

如此，老龄化对于家庭内部代际关系反而产生了一定程度的正面意义。① 然而，虽然西方养老方式在家庭内部遵循"单向接力"模式，但就整个社会而言同样脱离不了"双向反哺"的大格局。老年人群的赡养只能由下一代承接，这是难以辩驳的事实。因此，欧盟老龄化进程加快、老龄化程度不断加深、老年抚养比持续上升等现实，很可能会在一定程度上引发和凸显社会层面的代际矛盾。

首先，公共支出更加偏袒老年人而苛待年轻人。在"蛋糕"不能持续做大的情况下，政府只能通过改变分配格局的方式满足老龄化支出增加的需要。比利时布勒哲尔国际经济研究所所长贡特拉姆·沃尔夫间接指出，当前对预算的缩减更多地指向"对年轻一代和未来的投资"。② 拉尔斯·埃里克·博尔奇和约恩·拉特斯通过对丹麦的面板数据（1989—1996 年）展开研究，发现老年人群比重的增大会挤压年轻人的公共福利。③ 尤里·格罗布和斯特凡·C. 沃尔特通过对瑞士州立行政区数据的研究，发现老年人口所占比例对公共教育支出的意愿产生显著负效应。④ 更多情况下，"关注当下"和"优待老年人"的做法实属无奈之举，但是以"牺牲子孙后代福利"为代价确实容易激发年轻一代的不满。年轻一代希望老年人承担起相应的责任而不仅仅是享受退休生活。

其次，狭义老龄化成本主要由在职年轻人承担。政府增加老年群体的福利性公共服务，不仅压缩了年轻一代的福利空间，更是增加了年轻一代承担的公共服务成本，相比之下，后者更让年轻人不满。在"现收现付"模式下，老年人相对优渥的退休生活是由年轻一代买单

---

① 《欧洲亟须抑制"代际分歧"扩大》，https://www.baidu.com/link?url=CLxKMrs7bsj3NQ4KzRrRKqXQUuyhMpSgvzdiQ8abNbX0EEdUUfFDmCs2-Lcqz_Gccrmprh0jo8crFZg6VcRDbqanvYTZLwdTqJzxj8r_UqK&wd=&eqid=c74c30c3000186fe000000025dc11f13。

② 同①。

③ Lars-Erik Borge and Jorn Rattso, "Young and Old Competing for Public Welfare Services", in *CESifo Working Paper*, No. 2223, 2008.

④ Ueli Grob and Stefan C. Wolter, "Demographic Change and Public Education Spending: A Conflict Between Young and Old?", *Education Economics*, Vol. 15, No. 3, 2007, pp. 277-292.

的。一方面，在经济前景好的时代，年轻一代有着充足的动力维持这个养老体系，而当下放眼望去，许多国家处于经济萎靡、发展疲软的状况，年轻一代对养老体系能否维持、是否具有"更美好未来"持一种比较消极的看法，也就降低了供给现有养老体系，即拿自己的收入供老年人消费的意愿。另一方面，老年人认为自己已经为这个养老体系、社会和国家作出了应有的贡献，理应享受预期的生活质量，要求年轻人承担相应的责任。因此，由于在责任分摊和收益分享方面存在分歧，老年人与年轻人会基于自身的利益诉求指责对方，这也就容易引发代际冲突。

最后，延迟退休进一步加剧年轻人失业。延迟退休并不是老年人的意愿，但在惩罚和激励的双重作用下，大多数人还是会选择在法定的退休年龄退休。如此必然挤占年轻人的就业机会。比较来看，年轻人失业率是中老年人的两倍。在经济环境不太好的希腊和西班牙，年轻人失业率甚至超过了50%。同时，青年群体和中老年群体享受的就业政策也是不同的。以西班牙和意大利为例，在职一定年限的中老年就业者受益于劳动法保障，很难被解聘，然而年轻人则缺少类似的政策保障，半数或以上年轻人签的都是临时合同。

总之，欧盟不同代际间由于在公共支出、社会责任分摊和福利分享、政策收益方面存在较大的分歧，容易发生代际冲突，这对国民经济发展、社会稳定团结都构成了不小挑战。

三、老龄化影响西方民主政治的国别分析

老龄化的政治逻辑在于人口结构的变化会产生相应的政治文化、观念、行为、力量和结构，并作用于政治系统。本小节主要以具体案例对上述政治逻辑的发生和进路进行讨论与归纳，以便能够以差异化的国别、老龄化特征和民主政治机制为互动元素，对老龄化如何影响西方民主政治作更加深入的探讨。较高的老龄化水平对德、法、意、希四国以定期竞争选举、多党制和代议制度为核心的代议制民主政体

的影响具有协同性,重塑投票格局、弱化民主基础和助力民粹主义是其具体表现。同时,由于老龄化与经济发展匹配程度、具体政治制度、社会发展水平存在国别差异,老龄化对西方民主政治的影响存在差异性。德国为解决劳动力问题主动接收难民,但难民危机打破了政治格局的稳定;法国政府改革决心和民众阻力之间张力过大,养老政策改革加剧社会动乱;希腊老龄化危机显现,债务公投加速政治幻灭;意大利面向养老制度改革的政策供给能力偏弱,非常规机制增加不确定性。

(一)样本的选择与研究假设

本小节之所以以德国、法国、意大利和希腊为样本国家,是因为这四个国家在老龄化和民主制度层面具有充分代表性,同时因具有具体状况和制度上的差异,它们可以使制约关系呈现得更加全面。

样本国家作为先行经验,代表着老龄化进程的发展趋势,有如下三个特征。一是水平处在绝对高位。意、希、德、法老龄化规模在2021年都达到20%的超级老龄化水平,分别为23.61%、22.64%、21.98%和21.09%,分列世界第二、第五、第六、第十位。如果排除掉人口少于一千万的人口小国,则分别排名第二、第四、第五、第六位。二是静态增长特征显著。样本四国在过去60年内的人口总量并未发生明显增长,但老龄化水平翻番。以意大利为例,其全国总人口从1960年的5020万增长到2020年的5945万,60年间总共增长了18.43%,年均增长0.31%,甚至在2015—2020年间出现了负增长。同时,出生率在经历过一段快速下降后(1960—1985年),基本上稳定在一个较低水平,从1985年到2020年,意大利的平均出生率为9.37‰。因此,在出生率稳定在一个较低水平的情况下,老龄化的加剧很大程度上取决于人口预期寿命增加导致的老年人口规模增长。换句话说,样本四国的老龄化进程是在一个相对静止的人口规模上发生的,表现出静态老龄化的特征。三是呈现增速加快势头。样本国家老龄化进程起步较早但增速较慢，法国用了128年才走完老龄化倍增过程。不过，21世纪后在预期寿命延长、死亡率趋稳且略有下降、妇女生育率逐年下降、首胎平均生育年龄逐渐提高等因素共同作用下，老龄化增速有了明显提升。以法国为例，如图3-4所示，最近10年老龄化水平从16.85%增长到20.75%，增加幅度近4个百分点。然而，其上一个4个百分点的增长则用了40年。法国1970年的老龄化水平为12.86%，足见当下增速之快。这些特征导致人口结构在自然和社会维度发生了深刻变化，前者包括年龄结构、劳动力结构和族群结构，后者表现为观念结构、宗教结构和阶层结构。如此，样本国家的老龄化进程已经突破了单纯的人口学概念，因对经济发展、社会稳定、代际平衡和政治生态造成负面影响而形成了不同程度的"老龄化危机"。

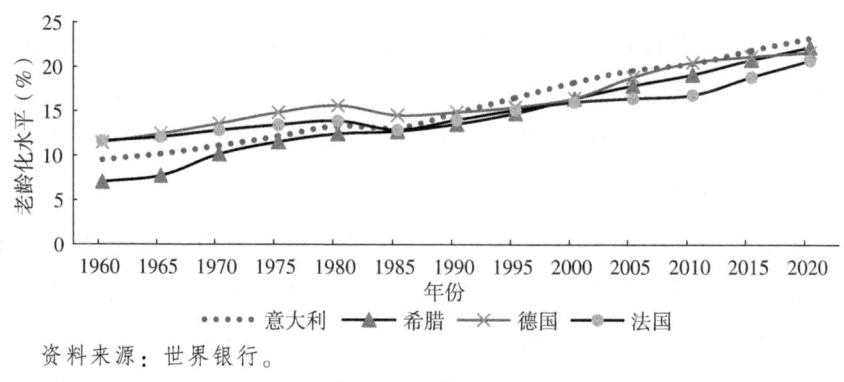

资料来源：世界银行。

图3-4 样本国家老龄化水平发展示意图

有证据显示，全球正经历着显著的民主衰退。除了部分"第三波"民主化浪潮导致的新兴民主国家加速溃败外，民主衰退还突出表现在西方老牌民主国家的民主有效性下降。[①] 那么，认识民主制度或者解读民主衰退现象，不应局限于判断静态的制度结构是否符合民主理念，

---

① 拉里·戴蒙德：《今日之民主第三波》，载《天津行政学院学报》，2012年第5期，第27—32页。

更应该着重分析民主制度的绩效。① 这一认知视角对于认识具有"制度标杆"定位的西方民主政治尤为重要。因为当下引发西方民主机能下滑的直接诱因，是政府逐渐缩水的治理供给难以匹配民众日益增长的善治需求，而非制度设计存在明显缺陷。② 具体到样本国家，按照《经济学人》杂志设定的标准，它们的政治制度被认为是西方民主的典范，属于"成熟民主国家"的范畴，具有较高的民主质量。③ 然而，制度层面的成熟并不能掩盖民主政治运行过程中的困难。虽然距离危机还有较大差距，但样本国家所面临的诸如政府负债过高、内政处理效率低下、过度干涉他国内政、恐怖主义蔓延、民主赤字和民粹主义泛滥等问题仍然是不小的挑战。④ 正是因为这些国家成熟的制度与面临的挑战形成了鲜明对比，所以它们可作为分析民主效能的样本。

同时，样本国家在老龄化具体表现和民主政治实践细节上存在一定差异。就老龄化而言，虽然样本国家老龄化程度都比较深，但在社会经济环境的制约下产生了差异化的溢出效应。德国经济发展较好且保留着相当体量的实体经济，因此人口老龄化对制造业的影响尤为严重，且受困于劳动力不足而不得不大规模引进外籍人员。法国同样有引进外籍劳动力的行动，但养老支出过多地依赖政府，使得法国越来越面临养老政策改革的压力。意大利和希腊都表现出老龄化水平与经济发展"脱钩"的特征，前者主要是老龄化水平过高，欧洲第一的程度远超经济发展的承载能力，后者在经历老龄化快速增长的同时制定了优渥的养老政策，未富先老的特征使其财政压力异常严重。民主制度的差异同样显著。宏观来看，法国的政权组织形式为半总统制，其

---

① 倪春纳:《民主因何而衰退》，载《江海学刊》，2016年第6期，第116—124页。
② 查尔斯·A. 库普坎:《治理鸿沟：全球化与西方民主的危机》，载《国外理论动态》，2014年第5期，第30—35页。
③ "成熟民主国家"的说法来源于《经济学人》的"民主指数"评估报告，德、法、意、希四国在历年评估中得分和排名有较大变化，或属于"完全民主"或者在"有瑕疵的民主"中居于高位，整体上可以被视作"典范"。不过，"民主指数"以西方标准尤其是把自由竞争选举作为重要指标，存在不小的瑕疵和偏颇。
④ "What's Gone Wrong with Democracy", *The Economist*, March 1st, 2014.

余三国为议会制，国家权力重心分布不同；中观来看，希腊议会为一院制，其余三国为两院制，其中意大利参、众两院权力相等；具体到细节上，政党格局、权力分配与运行方式、选举办法、议会门槛等具体制度的差异更加明显。

通过上述分析可知，德、法、意、希四国在老龄化进程、影响表现和民主制度、运行困境等方面的特征使其能够被作为样本来研究老龄化制约民主政治的过程。此外，德、法、意、希四国在老龄化和民主制度上的差异能够增加制约关系的多样性，有助于进一步厘清互动关系的发生机理。

在上述分析的基础上，本小节提出如下基本观点和假设：

第一，"老龄化"既是一个人口结构全面变迁的过程，人口老化的表象下隐藏着抚养比上升、族裔复杂化、阶层分化等其他人口结构变迁运动，也是一个溢出效应明显的社会问题，族群矛盾、代际失衡、经济弱化都是其具体表现。

第二，不同的人口结构代表着不同的选票结构、不同的政治力量结构、不同的政治形态结构和不同的意识形态结构。老年人口虽不能被视作一个偏好单一的群体，但整体上具有一些相同的偏好。因此，老龄化的人口结构能够产生特定的政治结构。

第三，依据人口结构政治学的观点，作为人口结构变迁形式的老龄化进程存在制约民主政治的必然性。并且，制约关系的展开并不遵循某一固定模式，其具体样式取决于老龄化特征、社会阶段、经济水平和民主制度细节。

以上三条假设中前两条属于"前提性假设"，是根据学理分析和研究框架确定下来的论证前提，第三条属于"推论性假设"，需要通过后文的案例比较加以验证。接下来，我们应用比较分析方法，对德、法、意、希四国的老龄化如何制约民主政治展开分析，以检验上述观点、假设和分析框架的有效性。

(二) 老龄化制约民主政治的协同性

除了改变人口年龄结构外，老龄化还具有较强的溢出效应，使社会结构全方位变革。按照人口结构政治学观点，老龄化作为人口结构改变的动因影响着政治发展进程，纵观德、法、意、希四国的老龄化发展路径和民主政治现实，老龄化对民主政治的制约关系表现出明显的协同性。

1. 老龄化重塑投票格局

老年人口比重与投票格局之间并不必然存在正相关关系，因为实际的选票格局是由比重和投票率共同决定的。对于重塑投票格局，老龄化的威力不仅在于提高老年群体比重，更在于使投票率呈现出老年群体明显高于青年群体的代际差异：老年群体的投票率更高，而青年选民的政治冷漠度更高。即便在考察了外部选举制度、政党制度、社会经济发展、民主化进程和自身教育水平、社会地位、人生阅历以及收入水平等因素的差异后，这一结论大体上也成立。[1]

具体来看，投票行为可以被概念化为基于激励和资源的政治决定，具有工具性动机和价值性动机。基于这样的认识，可以从四个方面探究老年群体投票率较高的年龄效应。一是世代效应，当下老年群体开始进行投票的青年时期正处于政治活跃年代，在他们"更容易受影响的时期"（15—30岁）有着较高的社会整体投票率，积极参与投票这一重复行为，有可能是在受大环境影响下的潜意识状态下发生的。那么，由于重复相同行为会导致再次执行该行为的可能性增加，早期的高频投票行为会产生持久且稳定的影响，进而使他们养成了投票习惯，甚至形成一种主观规范。[2] 二是根据生命周期理论，老年群体的社会角

---

[1] Daniela Melo and Daniel Stockemer, "Age and Political Participation in Germany, France and the UK: A Comparative Analysis", *Comparative European Politics*, Vol. 12, No. 1, 2014, pp. 33-53.

[2] Icek Ajzen, "Residual Effects of Past on Later Behavior: Habituation and Reasoned Action Perspectives", *Personality and Social Psychology Review*, Vol. 6, No. 2, 2002, pp. 107-122.

色使他们获得了更多的投票便利性，比如在一个地区居住了很长时间甚至定居、因退休而拥有大量空闲时间等，他们更容易参与投票且代价较小。三是从老化特征来看，老年群体趋向保守，更倾向于在遵循社会规范的情况下在现有体制内解决问题，投票在西方国家被认为是一种可取的社会规范和政治参与。[①] 另外，这种保守性也体现在老年群体会把票投给那些传统政党，以便政策能够延续而增加老年群体的确定性。四是从理性经济人角度看，随着年龄的增长，人们投票会变得越来越理性。在信息不对称的情况下，面对复杂的政治环境，投票决策的非理性更贴近理性，主观上的认知往往成为投票决策的关键影响因素。随着年龄的增长，选民对选举情况的了解与认知更加容易。因此，老年人利用自己的投票经验与主观认知进行投票决策是一种捷径，能够最大限度地减少投票决策所涉及的成本。表3-9、表3-10、图3-5、图3-6所显示的样本国家的数据和趋势能够很好地支持上述论断。

表3-9　2002—2017年德国议会选举投票数据

年龄段（岁）	2002年	2005年	2009年	2013年	2017年 各年龄段投票人数（万人）	2017年 各年龄段投票率（%）
	各年龄段投票率（%）					
总体	79.1	77.7	70.8	71.5	4697.63	76.2
18—20	69.9	69.6	62.5	63.7	142.93	69.9
21—24	67.7	66.0	58.6	59.6	194.42	67.0
25—29	71.6	69.5	60.6	61.6	288.37	68.6
30—34	76.2	73.9	64.5	64.8	309.87	72.0

---

① Achim Goerres, "Why are Older People More Likely to Vote? The Impact of Ageing on Electoral Turnout in Europe", *British Journal of Politics & International*, Vol. 9, No. 1, 2007, pp. 90-121.

续表

年龄段（岁）	2002年	2005年	2009年	2013年	2017年 各年龄段投票人数（万人）	2017年 各年龄段投票率（%）
	各年龄段投票率（%）					
35—39	79.2	77.9	68.5	68.1	317.33	74.4
40—44	79.6	79.2	71.9	71.8	301.55	76.3
45—49	80.6	79.7	72.6	74.0	412.40	78.8
50—59	83.4	81.8	74.1	74.7	984.65	79.4
60—69	85.7	84.2	79.2	78.7	768.85	81.0
70及以上	77.7	75.8	72.0	73.7	977.25	75.8

资料来源：德国联邦统计局。

表3-10　2002—2012年法国总统选举投票数据　　（单位：%）

年龄段（岁）	2002年 第一轮	2002年 第二轮	2007年 第一轮	2007年 第二轮	2012年 第一轮	2012年 第二轮
总体	72.8	81.0	86.2	86.2	81.4	82.8
18—24	66.8	77.2	78.7	78.1	72.4	73.3
25—29	62.2	71.4	81.6	79.9	73.0	72.4
30—34	68.7	78.3	84.8	85.0	79.4	77.7
35—39	71.8	82.1	88.5	87.5	85.2	86.7
40—44	76.4	84.9	87.8	88.5	84.8	86.6
45—49	77.0	84.6	89.3	89.9	85.5	88.6
50—54	78.0	86.7	90.9	90.4	88.5	89.1
55—59	79.6	86.2	90.7	90.6	88.6	89.7
60—64	80.5	86.1	91.6	91.6	87.1	89.1

续表

年龄段（岁）	2002年 第一轮	2002年 第二轮	2007年 第一轮	2007年 第二轮	2012年 第一轮	2012年 第二轮
65—69	81.1	87.0	91.4	92.1	88.4	91.2
70—74	77.4	83.3	88.6	87.9	86.8	88.5
75—79	72.6	78.9	86.5	87.0	83.2	84.5
80—84	67.8	72.2	77.9	79.3	71.8	76.1
85及以上	40.3	47.4	61.6	64.8	56.0	58.5

资料来源：Jean-Yves Dormagen and Laura Michel,"Aging of Registered Voters and Voter Turnout in France: A Study of 17 Voting Rounds Between 2002 and 2012", *SSRN Electronic Journal*, Vol. 5, No. 22, 2014。

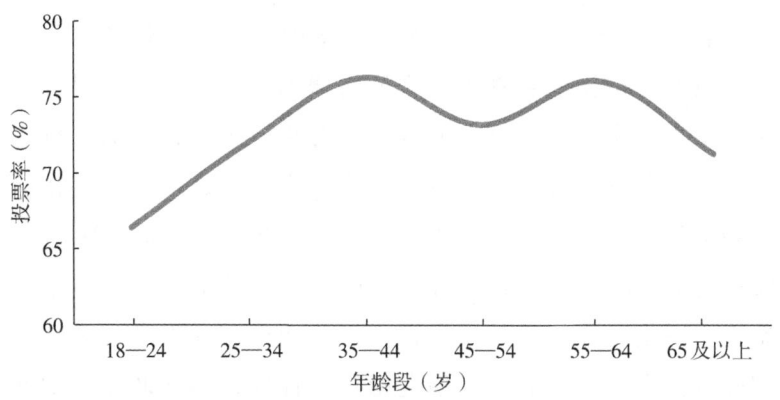

资料来源：Statista, "Parliamentary Election 2018 in Italy", https://www.statista.com/study/54882/parliamentary-election-2018-in-italy/。

图3-5　2018年意大利议会选举各年龄段投票率

人口结构变迁的政治效应

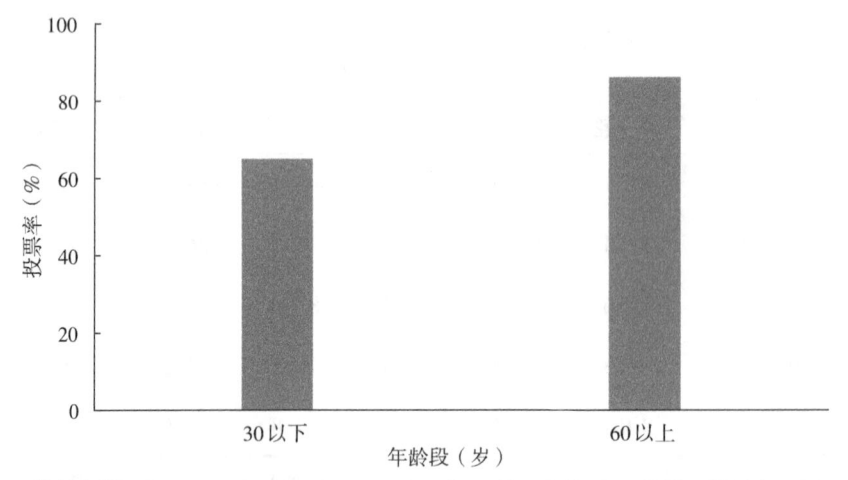

资料来源：Democratic Audit，http：//www.democraticandit.com/2014/02/2/a-vicious-cycle-of-apathy-and-neglect-young-citizens-and-the-power-gap-2/。

图3-6 2009年希腊年轻群体和老年群体投票率对比

依据上面四幅图表可大体推测出样本国家具有类似意大利的投票率曲线，投票率整体上随着年龄增加而增加，高龄老人虽因行动不便等多种因素投票率略有下降，但也高于青年群体。再叠加人口比重因素，老年群体必然成为选民中的决定性部分。比如，2017年德国议会选举中60岁以上人口的实际选票占了总选票的37.17%之多。

虽然老年选民并不能被视为一个偏好单一的群体，但与年龄相关的投票选择还是存在很大的一致性。老年选民较为保守，对政策的延续性和确定性有着较高要求，偏爱稳定且优厚的养老政策。如此，在因老龄化进程而改变选票格局的现实下，各政党及候选人有意提供符合"关键票仓"利益的政策以换取其选票支持，这种现象也被称作"投票场域下政党与选民的直接交易政治"。作为买方，政党及其候选人都必须拿出"好价钱""购买"选民手中的选票。而"好价钱"无非是符合选民偏好的公共政策。在民粹主义盛行尤其是左右翼民粹型极端政党的夹击下，传统主流政党也开始有意强化意识形态。在移民、婚姻、宗教、公平与效率、对外关系、劳资关系等方面具有或多或少意识形态的公共政策，自然对票源的扩大形成了明显的限制作用。毕竟，意识形态的相左在很大程度上源自现实利益的冲突，具备明显意识形态的公共政策自然不会有广泛的买家。因此，上述情况为不具备明显意识形态且因可以直接提高选民生活质量而广受欢迎的福利政策的供给创造了机会。那么，在赢得选举的正向激励下，理性政党普遍把提供优厚的福利政策视为竞选的关键着力点。在考虑到老龄化对选民结构以及选票分布变革的情况下，表3-11清晰显示出养老政策成为各政党重点关注的领域。

表3-11 样本国家政党选举纲领一览表

国别	政党	选举年份	纲领或口号
德国	联盟党	2017	社保应每年额外支出65亿欧元，以保障孩子出生于1992年前的妇女的妈妈养老金积点应与现在相同
		2021	保证可靠的退休金，同时将出台政策，使购买私人养老金变得更加划算；评估一种新型养老金基金的可行性
	社民党	2017	"保证养老金"，强调保障现有养老金保持在平均收入的48%不下滑，最高缴费费率保持在22%，国家要为每个人每月承担20欧元的费用
		2021	加强法定保险的稳定性和持续性，使这一部分保险金至少能达到平均工资的48%；不赞成继续提高退休年龄；扩大企业养老保险，由公共机构提供一种新型的养老产品
	自民党	2017	60岁以后可自己决定何时退休
		2021	建立公民基金，通过分散投资股票来解决养老金的问题；参保人在60岁以后可以自行决定是否退休，退休金会根据工作年限相应地调整
	左翼党	2021	主张议员、个体经营者和官员需要缴纳法定养老金；退休年龄最迟从65岁开始；主张最低退休金为1200欧元，低于这个数额的养老金将被补齐
	选择党	2017	养老福利由政府转移支付
		2021	60岁以后可自己决定何时退休

续表

国别	政党	选举年份	纲领或口号
法国	前进运动	2017	结束雇员在私人和公共领域的不平等，并倡议将最低养老金提高到 900 欧元以上
		2022	将法国民众的退休年龄由目前的 62 岁推迟至 65 岁；将把该国最低养老金调高至每月 1100 欧元
	"国民阵线"	2017	退休年龄降低到 60 岁，提高最低养老金
		2022	将最低养老金上调为每月 1000 欧元；拒绝延长退休年龄
意大利	"五星运动"	2018	低保养老金提高到每月 780 欧元且免税
	力量党	2018	社会低保养老金提高至每月 1000 欧元，家庭主妇同样可以领取
	民主党	2018	逐步提高社会低保养老金，退休老人可按育有子女人数，每人按月增发 80 欧元补贴，将单一退休人员每月的养老金最高限额提升为 2.6 万欧元
希腊	激进左翼联盟	2015	明确反对紧缩政策，必须废除削减养老金的法律

资料来源：作者自制。

以 2021 年德国大选为例。德国有 2100 万退休人员，是选民中最大的群体。20 世纪"婴儿潮"后期出生的人口也即将步入退休年龄，所以关注养老金问题的群体会更加庞大。各党派都很清楚有关养老金的话题在竞选中的分量，从而祭出了优厚的养老待遇这杆大旗。联盟党（基民盟/基社盟）计划评估一种由国家为每个公民按月缴纳一定金额费用，作为今后额外养老金的新型养老金基金的可行性，并承诺将保证可靠的退休金，同时将出台政策，使购买私人养老金变得更加划算。而作为其主要竞争对手的社民党本身就致力于提升社会福利，承诺加强法定保险的稳定性和持续性，至少能达到平均工资的 48%，同时不赞成继续提高退休年龄。左翼党与社民党有相同之处，但更加激进，比如承诺把最低退休金定为每月 1200 欧元，低于这个数额的养老金将被补齐。以环保为主要竞争点的绿党也制定了相对友好的养老政策,建议成立公民基金,分散投资于股票,使每个人都能够分享经济发展的成果。自民党和选择党则着眼于退休年龄,强调应该由选民自主选择。可见,作为人口结构变迁表现形式的老龄化进程,给政治系统带来了制定具有明显倾向性的公共政策的改变。

2. 老龄化弱化民主基础

民主制度有效运行需要必要的社会基础。考察民主转型失败的案例可以发现,要想成功地进行民主化转型,需要一些特定的基础条件和背景条件,如果这些条件过于脆弱或者完全缺乏,民主是不可能建立的,或者说,即便建立形式上的民主制度,也是不稳定的,且是非实质性的。① 比如,"茉莉花革命"后的突尼斯实现了首次民主选举,但政治斗争并没有因此缓和,反而日趋激烈,政党倾轧使得宣誓就职不久的议会被迫休会。并且,政治斗争很快传导至社会层面并打破了社会结构的平衡,社会动荡和经济不景气成为常态,反过来又制约政治生态。举例来看,突尼斯 2018 年 5 月 6 日举行的地方选举投票率不足四成,足见民众对政治的淡漠和失望。2022 年 7 月举行的新宪法草案公投的实际投票率仅为 30.5%。如果新的民主制度难以解决老问题,那么可以说这个民主化转型是失败的。

应该看到,不单单是建立民主制度或是进行民主化转型需要一定的条件基础,即便是维系民主制度同样也需要必要的条件。按照达尔的观点,这些基础包括文化冲突很弱或者不存在、具备对民主的信仰和相应的政治文化、市场经济下较高速率的经济增长。② 利普塞特同样认为民主稳定运行需要建立在多维基础上:一是较高的经济发展水平为民主制度提供必要的物质基础;二是一致性较高的政治价值观、对政治共同体较高的认同度以及建立在前两者基础上的对政治制度合法性的认同等社会心理因素,为民主制度提供政治文化基础;三是社会

---

① 达尔著,李风华译:《论民主》,北京:中国人民大学出版社,2011 年版,第 120 页。
② 同①。

成员具有"交叉隶属关系"的结构以最大限度缓和冲突。① 老龄化对上述三个维度的民主基础能够造成不同程度的侵蚀。

首先，老龄化成本迟滞经济发展。宏观上，老龄化会产生经济增长减缓、财政收入减少、公共支出增加三个潜在风险。中观上，老龄化的衍生品是多种产业受困于劳动力供给不足，导致产业空心化影响经济安全。微观上，养老支出逐年攀升造成巨大财政压力，即便扩大政府赤字也会出现养老支出挤占其他支出的情况，从而形成不尽合理的财政结构，进一步制约经济发展。这些指标在样本国家虽存在差异，但都有所体现。虽然样本国家经济发展疲软是在大的时代背景下由多方面因素造成的，但这并不排斥老龄化进程，尤其是体量巨大的老龄化成本迟滞经济发展的判断，这一客观影响也是被实证证明过的。②

其次，老龄化加剧政治认同弱化。样本国家政治认同弱化是多种因素造成的客观现实。具体到老龄化，政治认同弱化的主要驱动力在于因解决劳动力不足而有意识地吸纳移民所形成的负面效应。可从移民和本土居民、不同年龄段的个体差异以及划分具备价值取向的政治群体三个层面探讨。价值观念与其所受教育、宗教信仰、民族传统有着紧密联系。不同文化背景的移民，尤其穆斯林移民群体，对国家这一政治共同体的认同要明显弱于对宗教信仰或民族身份的认同，这与主流社会的政治认同形成张力，这种情况在移民群体形成具有强烈自我意识、保留传统习俗的"平行社会"的情况下更加突出。③ 另外，图 3-7 显示，受年龄影响政治态度的制约，年龄较大群体与年轻群体对穆斯林移民的态度明显不同，且表现出差异化的发展趋势，说明移民现象在某种意义上可加剧不同年龄段群体的政治认同分离。进一步

---

① Seymour Martin Lipset, *Political Man: The Social Bases of Politics*, Maryland: The Johns Hopkins University Press, 1981, pp. 87–126.

② Paige Muggeridge, *The Implications of Population Aging for Economic Growth: A Regional Comparative Study*, Durham: Duke University, 2015.

③ 宋全成:《穆斯林移民在欧洲:身份认同及其冲突》，载《西亚非洲》，2016 年第 1 期，第 22—37 页。

看，认同危机、文化冲突以及其他社会问题使得移民问题政治化，并逐渐取代经济问题成为左右派别进行区别和展开争论的着力点：左派更关注促进被忽视的移民利益，而右翼则将自己重新定义为一群寻求保护传统国家身份的爱国者并排斥移民。① 比如，在关于希腊政治态度的相关研究中，对移民的态度已经成为划分选民政治光谱的重要指标。②

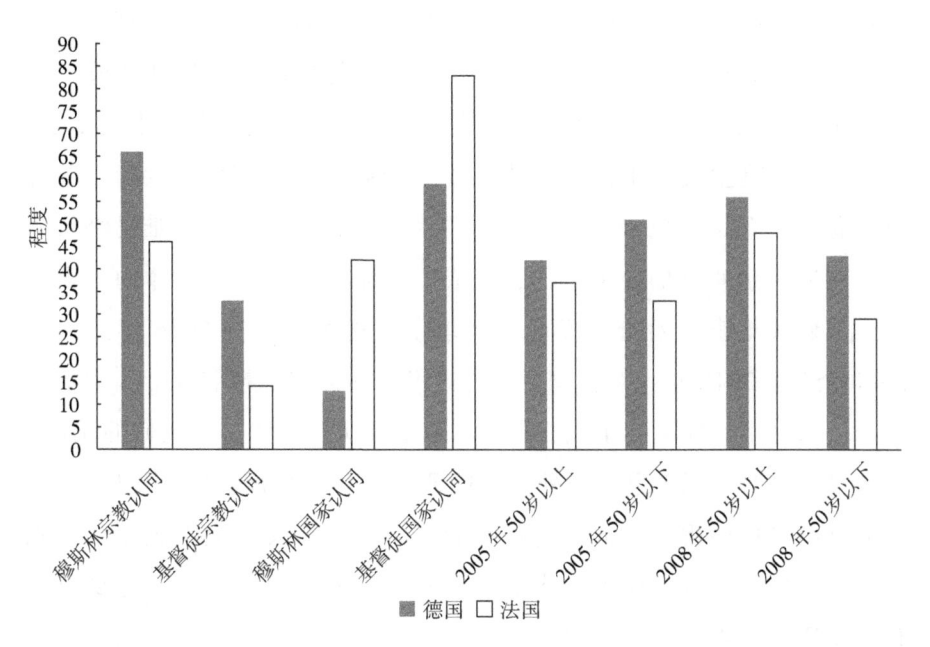

资料来源：皮尤调查中心，*Ethnocentric Attitudes are on the Rise in Europe*，*Unfavorable Views of Jews and Muslims on the Increase in Europe*，2008 和 *Muslims in Europe：Economic Worries Top Concerns About Religious and Cultural Identity*，13 – *Nation Pew Global Attitudes Survey*，2006。

图 3-7 德法两国不同群体政治认同与对穆斯林排斥程度

---

① Francis Fukuyama,"In an Age of Identity Politics, Inclusive National Identity Matters More than Ever", http://www.abc.net.au/religion/why-national-identity-matters/10559382.

② Tim Dixon and Stephen Hawkins, "Attitudes Towards National Identity, Immigration and Refugees in Greece", https://www.humanrights360.org/wp-content/uploads/2021/12/0535-more-in-common-greece-report_final-r_weblr.pdf.

最后，老龄化恶化社会结构。较高程度的社会合意是西方民主有效运行的基础，老龄化会从以下三个方面恶化社会结构，导致社会合意下降。一是养老福利改革诱发民众不满情绪。不论是削减养老金，如希腊计划将养老金替代率由95.7%逐年过渡到64%，取消圣诞节、复活节和夏季补贴，还是延迟退休方案，如意大利将女性公务员退休年龄从61岁提高到65岁，法国退休年龄将从60.5岁提高到62岁，德国退休年龄逐渐由65岁提高到67岁，都是对养老福利的削减，直接引发退休和临近退休人员的强烈不满。二是移民持续增加造成"文明冲突"。移民持续增加导致文化越来越多样、居民成分越来越复杂，随之而来的是主流文化和主体居民的主导地位受到威胁，"我们"与各种"他们"的冲突已经显现。以德国为例，恐怖主义随着难民潜入德国并制造一系列恐怖袭击事件，造成民众尤其是极右翼团体的严重不满，他们甚至直接对难民发起人身攻击，这类事件在2016年达到了3500余起。2018年一名德国男子与难民发生冲突并被刺死后，大批右翼分子未经申请便集会示威，高喊"我们是人民""这是我们的城市"等口号的同时，无差别地对外国人展开攻击。三是社会代际矛盾显化。公共支出更加偏袒老年人而苛待年轻人、狭义老龄化成本主要由在职年轻人承担、延迟退休进一步加剧年轻人失业等三个问题更容易引发代际矛盾。以年轻人失业率为例，据相关统计，2015年德、法、意、希四国年轻人失业率为7.7%、20.5%、42.7%、52.4%，均高于本国整体失业率。[①] 即便年轻人失业率与延迟退休年龄并不存在必然关系，但在经济疲软、就业机会有限的情况下，两者之间还是会形成一定的张力。

3. 老龄化加剧民粹主义

民粹主义有着用"摩尼教式"的观点看待政治世界的传统，习惯把人分成"善良的民众"和"邪恶的精英"两大对立阵营。因此，民

[①] 赵柯：《德国如何促进青年创业》，载《政策瞭望》，2015年第12期，第48—49页。

粹主义的产生和发展都需要两极分化显著、不满情绪高涨的社会环境。严格来说，老龄化与民粹主义并不存在直接联系。不过，老龄化进程中的负面效应，与样本国家民粹主义泛滥根源——欧洲一体化进程所催生的具体困难是共生或同步的。比如，因应对老龄化而吸纳移民所产生的社会问题可加剧排外情绪。另外，难民摊派方案所凸显的民主赤字也会进一步加深"疑欧"倾向。还有，老龄化导致经济疲软、扩大分裂等基础影响更是民粹主义滋生的优良土壤。总之，老龄化是民粹主义泛滥的重要隐性因素之一。

样本国家的民粹主义不仅是一种社会现象，还是影响广泛的意识形态，更是刻画政治走向的重要力量。选民变化能够直接反映为政党格局，又通过政党政治传导至国家政权。本节以民粹型政党的崛起为例探讨老龄化加剧民粹主义的表现。

样本国家民粹型政党强势兴起，甚至部分已经掌握了国家政权。德国最具代表性的民粹型政党是成立于2013年的选择党。选择党一开始就以反对欧盟和欧元为核心诉求，但随着难民危机的加剧，选择党就在"疑欧"之外抛出鲜明的反对移民、"保护欧洲的基督教文化特性"的立场，公开表达对伊斯兰教和穆斯林群体的歧视。例如，时任选择党领导人弗劳克·佩特里就公开表示"穆斯林移民将会改变我们的文化"和"伊斯兰不属于德国"。法国"国民联盟"可谓是欧洲民粹型政党的鼻祖，自1972年成立起就表现出狭隘的民族主义，抱持鲜明的反移民立场，倡导"法国人就业优先"，同时坚决排斥欧盟，"解散欧盟"已经成为其标签。另外，法国也发展起了具有影响力的极左翼政党——"不屈法国"，虽然其政治纲领被批为"含混不清"，但同样被指控在欧盟和移民问题上存在"民族主义"倾向。在左右民粹型政党夹击下，法国传统政党严重衰落，以致在2017年和2022年总统大选中都没有进入第二轮。意大利几乎所有风头正劲的政党都和民粹主义有所关联。右翼民粹型政党，如力量党、联盟党和兄弟党，都抱持反欧盟和反移民的立场，但未表现出明显的种族主义。"意大利人优先"和"意大利人的意大利"的竞选口号能够反映出民粹色彩。自诩为"非左非右"的"五星运动"发迹于民粹主义运动，崇尚直接民主，表现出浓厚的民粹色彩。五星运动持坚决反对移民的立场，强调仅为意大利人谋福利，排斥为移民及其子女谋福利。希腊有着"民粹主义民主"的传统，极化的两党制及其失灵为激进政党从边缘崛起提供了条件。激进左翼联盟成立于2004年，由十余个左翼小党组成。该党除了强调代表穷人利益的立场之外，还在2015年议会选举中提出了"结束国耻""废除援助协议""违约外债"和"结束紧缩"等一系列民粹口号，并凭借这些民粹动员成功上台执政。极右翼政党"金色黎明"不仅坚持反欧盟、反移民、反伊斯兰的民粹主义立场，还表现出新法西斯主义的倾向。

表3-12显示，这些政党在选举上表现抢眼，一是成立后短时间内，甚至在成立当年就在全国形成影响力并进入议会。比如，德国选择党在成立当年就获得了4.7%的选票，距离进入议会仅差0.3个百分点。而其在2017年大选中更是获得了12.6%的选票，一举成为议会第三大党。二是在多党制背景下得票率处于高水平。不仅希腊激进左翼联盟以超高得票率组阁执政，而且德国选择党在2017年大选中的得票率同样超过了传统老牌政党自民党，而在2013年和2021年大选中也仅是略低于自民党。三是并非昙花一现，甚至表现得越发强势。法国传统政党在左右翼民粹型政党的夹击下，已经在连续两届总统选举中首轮失利。这充分说明，这些政党有着良好的选民基础，他们反体制、反移民、反欧盟的立场被稳定且有扩大趋势的部分选民所支持。这也意味着样本国家民众有明显的民粹化倾向，而老龄化是民粹主义发展的一个重要因素。

表 3-12　样本国家民粹型政党得票率

国别	政党	成立时间	选举类型	得票率（%）
德国	选择党	2013 年	2013 年议会大选	4.7
			2017 年议会大选	12.64
			2021 年议会大选	10.3
			2019 年勃兰登堡州议会选举	23.5
			2019 年萨克森州议会选举	27.5
			2019 年欧洲议会选举	10.97
			2014 年欧洲议会选举	7.04
法国	"国民阵线"	1972 年	2012 年第一轮总统选举	17.9
			2017 年第一轮总统选举	21.3
			2022 年第一轮总统选举	23.2
			2017 年全国议会选举	13.2
			2015 年大区选举	27.7
			2019 年议会选举	23.34
法国	"不屈法国"	2016 年	2017 年第一轮总统选举	19.2
			2022 年第一轮总统选举	20
			2019 年议会选举	6.31
意大利	联盟党	1989 年	2018 年众议院选举	17.35
			2018 年参议院选举	17.61
			2019 年欧洲议会选举	34.26
	力量党	1993 年	2018 年众议院选举	14.00
			2018 年参议院选举	14.43
			2019 年欧洲议会选举	8.78

续表

国别	政党	成立时间	选举类型	得票率（%）
意大利	兄弟党	2012年	2018年众议院选举	4.35
			2018年参议院选举	4.26
			2019年欧洲议会选举	6.44
	"五星运动"	2009年	2018年众议院选举	32.68
			2018年参议院选举	32.22
			2019年欧洲议会选举	17.06
希腊	激进左翼联盟	2004年	2015年9月议会选举	35.46
			2019年欧洲议会选举	23.75
			2019年议会选举	31.53
	"金色黎明"	1993年	2015年9月议会选举	6.99
			2019年欧洲议会选举	4.87

资料来源：作者整理。

（三）老龄化制约民主政治的差异性

样本国家老龄化与经济匹配程度不同，社会发展和民主制度也存在差异，造成上述协同性影响的路径、动力和机制也是不同的。并且，各国老龄化对民主政治的制约方式也表现出了一些独有的特点。

1. 德国：难民危机改变政治格局

老龄化导致劳动力供给困难，但对经济的影响却存在明显国别异质性，原因在于产业结构的差异使各国对不同层次劳动力形成差异化需求格局。换句话说，德国保留着相对合理比重的制造业，对低技能劳动力提出了数量方面的要求，[①] 而老龄化对低技能劳动力供给的制约

[①] OECD,"OECD Employment Outlook 2017", http://read.oecd-ilibrary.org/employment/oecd-employment-outlook-2017-empl-outlook-2017-en.

尤为明显。据德国经济研究所报告,2011年到2015年德国有96种职业面临劳动力短缺的困境,主要集中在如下三大领域:工程技术类,如机电一体化技师和切削加工技师等;传统手工类,如暖气和空调技师等。医疗卫生类,如老年护理和医院护工等。总劳动力缺口达百万以上。[①] 在正常人口替代不仅不能改善劳动力供给困难,反倒持续扩大缺口的情况下,引进外籍劳动力成为必然选择。考虑到难民以青壮年为主的人口属性(约占70%),德国各方都认为接收难民是弥补劳动力缺口的重要契机,虽然接收难民的出发点是多元的。2015年,德国经济部长加布里尔就曾明确表示,假如能够对难民进行必要技能培训,且根据需要安排他们就业,德国就能找到一个解决未来经济最大问题(技工短缺)的办法。"我们有现实的理由来帮助这些难民接受职业培训,"德国中部城市汉诺威商会的经济学家赫斯说,"德国的经济发展需要合格的工人""他们都是年轻人,这对德国来说太棒了!"企业界也对那些有活力的年轻移民寄予厚望,戴姆勒主管迪特尔·蔡澈就明确表示:"希望这能给德国带来下一个经济奇迹。"实际情况确如加布里尔所言,从2010年难民危机爆发到2015年,德国150万新增就业当中就有三分之二以上是由移民就业贡献的,并且移民受多方面因素限制,只能选择一些低技能工作,能够很大程度上解决失业和岗位空缺之间的劳动力供需结构问题。

因此,德国对接收难民持开放态度,不仅主动接收大量难民,还推动欧盟调整难民政策。由于难民流动性较强且以非法入境居多,实际接收数量难以准确掌握,故以统计清晰的难民庇护申请为例。结合表3-13和图3-8可发现,德国对难民的接收不仅绝对数量大,相对比重也是最高的,与其他样本国家形成显著差异。

---

① 罗毅:《德国近百种职业劳动力不足》,载《世界教育信息》,2015年第17期,第75页。

表 3-13 样本国家难民庇护申请情况对比

年份	欧盟 数量(万)	德国 数量(万)	德国 占比(%)	法国 数量(万)	法国 占比(%)	意大利 数量(万)	意大利 占比(%)	希腊 数量(万)	希腊 占比(%)
2012	33.5	7.7	23.0	6.1	18.2	1.7	5.1	1.0	3.0
2013	43.1	12.7	29.5	6.6	15.3	2.7	6.3	0.8	1.9
2014	62.7	20.3	32.4	6.4	9.6	6.5	10.4	0.9	1.4
2015	132.3	47.7	36.1	7.6	5.7	8.4	6.3	1.3	1.0
2016	126.0	74.5	59.0	8.4	6.7	12.3	9.8	5.1	4.0
2017	71.2	22.3	31.3	9.9	13.9	12.9	18.1	5.9	8.3
2018	64.7	18.4	28.4	12.0	18.5	6.0	9.3	6.7	10.4

资料来源：欧洲统计局。

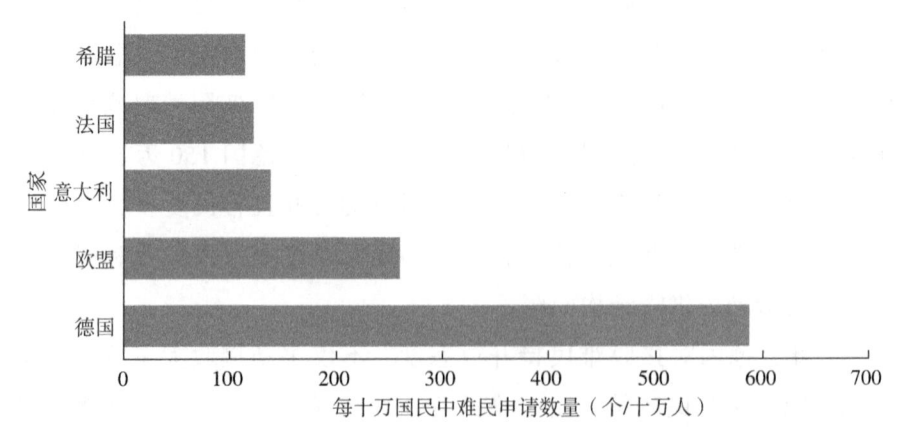

资料来源：BBC News, http://www.bbc.com/news/world-europe-34131911。

图 3-8 2015 年样本国家难民庇护申请情况对比

不同于其他西方民主国家，德国素有政治稳定的特点，这是在制度、政党、社会和经济等要素综合效应的影响下产生的。比如，"一人两票"的选举制度和 5% 的议会门槛具有维护大党选举和执政优势的作用。精英所倡导的"政治正确"能够促进社会整合，分化程度较低的社会也利于传统政党的发展。默克尔连续四届执政就是这种稳定性的真实写照。然而，这种稳定性已经被百万级难民的涌入所侵蚀，政党与社会生态加速"裂变"的特征越来越明显。

治安恶化、恐怖主义、瓜分福利、抢占就业等负面影响使德国民众对接收难民的心态由欣快向沮丧再向恐惧转变，甚至将其视作"生存威胁"。随之而来的是意识形态产生了分歧，在选民分化的同时各政党内部也因难民问题而产生分歧。其中，执政的联盟党因接收难民政策而失去了很大一部分保守派力量，只剩下了市场自由派和基督徒的社会力量，从而大大降低了选举吸引力。一些联盟党脱党者流向了选择党，比如，选择党创始人之一的贝恩德·卢克就是具有33年党龄的基民盟成员。另外，联盟党内部也出现了公开的反对声音。基社盟领导人霍斯特·泽霍费尔多次向选民承诺，将在下届政府的任何协议中对移民设置上限。他甚至公开以结束与基民盟的长期盟友关系、退出大联合政府相要挟，要求默克尔制定难民管控方案。总之，难民问题已经造成德国多个层面的分裂，由选民、社会和地区分裂逐渐蔓延至政治体系，稳健的政党格局开始向两极化过渡。[①] 2017年议会选举结果就是这种分裂的具体化：一是联盟党虽保住第一大党位置，但其支持率对比2013年出现了明显下滑，第二大党社民党同样如此；二是自民党和选择党的进入而使议会呈现"三左两右一极右"的格局，席位更加分散，不确定性增加；三是出现了一定程度的"组阁困局"，先是社民党拒绝了联盟党的组阁邀请，后是联盟党和绿党、自民党联合的"牙买加"方案流产，最终还是联盟党做出巨大让步，和社民党在移民问题等关键问题上达成共识，如计划将每年难民移民数限制为20万人，每月允许探亲移民数限制为1000人，才勉强组建"大联合"政府，这也是二战后德国耗时最长的组阁过程。而2021年大选中基民盟失去第一大党的位置，也可以被视作其移民政策所导致的选民支持率

---

① Michael J. Dostal, "The German Federal Election of 2017: How the Wedge Issue of Refugees and Migration Took the Shine off Chancellor Merkel and Transformed the Party System", *The Political Quarterly*, Vol. 88, No. 4, 2017, pp. 589-602.

下滑的延续。默克尔及其所代表的基民盟坚持的移民政策，不仅疏远了党内保守势力，更导致大量传统保守主义选民投奔极右翼选择党。从某种程度上讲，移民和难民问题具备重绘德国政治光谱的影响力，不仅主导了德国 2017 年和 2021 年议会大选，更制约着接下来的政治走向。

2. 法国：养老改革加剧社会动乱

经济下行、老龄化加深、财政负担过重迫使样本四国从 20 世纪 90 年代起都对养老制度进行了多轮改革。不过，虽然遵循大体一致的改革路径，但效果和政治影响却因国情和原有制度的差异而不同。具体来说，法国针对老龄成本攀升而对养老制度所进行的改革成为诱发社会动乱的重要因素，其他国家虽同样有所表现但并不突出。接下来在简单对比的基础上讨论法国养老制度改革影响社会稳定的特殊性。

与德国和意大利相比，法国养老制度支柱单一、结构破碎。德国与意大利对养老制度进行了较为成功的"范式改革"，在由财政兜底的公共养老金的基础上，增加由市场管理的基金制养老保险和各类自愿性养老储蓄，形成了多支柱养老体系。而法国虽然也走上了"三支柱"的改革路径，但由于民众意愿低、工会阻拦和社保理念制约而导致其他支柱规模小、发育慢，财政兜底的公共养老金依然占据主导地位。举例来看，2005 年法国公共养老金占个人养老总收入的 87%，而同期德国已缩减至 70% 左右。[①] 另外，据经合组织统计，2013 年德国和法国养老金整体替代率均为 58% 左右，但法国全部由公共养老金构成，德国只有 42% 来自公共养老金，另外 16% 为个人自愿性养老储蓄。[②] 这说明，德国政府在养老支出中的负担确实小于法国。虽然意大利的养老金替代率非常高，2013 年为 71.2% 且全部为公共养老金，但由于意大利实行高缴费率政策，即每一个工人都要向概念性社会保障

[①] 彭姝祎：《法国养老金改革：走向三支柱？》，载《社会保障评论》，2017 年第 3 期，第 135—147 页。

[②] OECD, "Pensions at a Glance 2013: OECD and G20 Indicators", http://www.oecd.org/pensions/public-pensions/OECDPensionsAtAGlance 2013.pdf.

账户交纳其应税工资的 32.7%，理论上政府的负担也是较小的。

希腊养老金体系与法国类似，政府兜底的公共养老金占养老体系的 99% 以上。但不同的是，出于对破坏既有庇护体系和利益格局会导致社会支持度下降的忌惮，希腊历届政府对养老制度进行深层次改革的意愿并不强烈。比如，迫于工会压力，1992 年的养老制度改革就保留了一些势力强大的行业团体的养老金的特权待遇。实行相对温和的改革措施是希腊养老制度改革的主流做法。主权债务危机之前的历次养老制度改革只对相关参数，比如缴费比例、替代水平、退休年龄、管理效率等进行小幅修改，而未触及养老制度的根本原则，未能实质性引入其他补充性支柱，没有扩大自愿的退休储蓄，也未改变"现收现付"的做法。[①] 而法国历届政府都把养老改革视为工作重点，且多以较为激进的方式进行，甚至不惜以牺牲政治前途为代价，因改革而被迫下台或支持率大幅降低的领导人不在少数。比如，拉法兰在 2005 年出任法国总理后，以前所未有的决心强行推进包括养老制度在内的社会福利改革。由于触及大多数人利益，拉法兰不得不在空前的罢工抗议浪潮中辞职下台。类似的事情也发生在法国前总统萨科齐身上。为了让法国更加现代化，更具有竞争力，萨科齐把养老金体制改革视为任期内最重要的工作之一。不过，废除部分养老福利特权以及大幅提升退休年龄遭到工会和民众的强烈反对。虽然萨科齐政府强势顶住了来自民众的压力，从而成功地推动了改革方案的正式出台，但因为违背了交易政治的规则，致使上述"成功"以支持率一路下滑为政治代价。2011 年年底萨科齐支持率因退休制度改革跌至新低，仅为 34%，远低于 2007 年上台后的 57%。此后更是在连任竞选中以失败收场。

综合上述对比来看，法国养老体系支柱单一、财政负担重、可持续性差，同时政府又热衷于改革，这是法国区别于其他样本三国的显著特征。改革需求日显迫切，与之相对的则是政府与民众间缺乏改革

[①] 宋晓敏：《试析 20 世纪 90 年代以来希腊养老金制度的改革》，载《经济社会体制比较》，2017 年第 6 期，第 118—127 页。

共识、特殊利益强大、工会阻扰的现实。以法国工会为例。一方面，法国养老金采取"合作主义"原则，公共养老金的管理权掌握在几大工会手中，政府只发挥监督的作用。这样的制度设计旨在强化劳动者自主管理养老金的权利，在尽可能避免官僚主义危险的同时，把工会和养老金第一支柱（公共养老金）捆绑在一起，使各大工会有了维护第一支柱的动力。那么，进行范式改革，即削弱第一支柱而发展第二、三支柱，意味着削弱工会的权力和利益，必然遭到工会的抵制。另一方面，较低的参会率使法国各大工会面向企业特别是中小企业的组织谈判能力相对薄弱，且成本巨大。这种程度的压力不足以迫使企业提供优渥的职业年金，难以维护职工养老权益的窘境也会使其排斥第二支柱。[①] 另外，法国养老制度极其碎片化，除了覆盖全体就业者的基本养老金之外，还存在 42 个养老金子体系，每个子体系都有自己的规则和利益，覆盖不同的人群，提供优渥的福利。比如，巴黎大众运输公司员工的养老金参照标准为退休前最后 6 个月的工资，而私营部门雇员的养老金基准则是职业生涯中工资最高的 25 年的平均工资。显然，退休前最后 6 个月的工资水平要明显高于 25 年的平均工资。这也就导致了前者每月平均退休金为 3705 欧元，而全法平均水平仅为 1400 欧元左右。要知道，各类工会组织是形成如此复杂的体系和差异化利益格局的重要推动力量，也是主要受益者，任何形式的改变都是其不愿看到的。

相对薄弱的组织谈判能力使法国各工会热衷于"街头政治"，借用民众力量逼迫政府妥协，且形成了一定的路径依赖。另外，历次改革都存在削减福利的嫌疑，直接权益受损的民众也会配合工会采取共同行动，主动罢工和上街游行，阻挠养老制度改革。只不过，一般形式的游行示威具有偏好表达的政治输入功能。然而在民粹主义裹挟下的民众会把游行示威当做发泄不满情绪的窗口，除了迟滞改革进程、影

[①] 彭姝祎:《法国养老金改革:走向三支柱?》,载《社会保障评论》,2017 年第 3 期,第 135—147 页。

响民众生活、造成经济损失等常规破坏外，打砸抢烧等暴力行为更是挑战着民主政治的底线。

法国自20世纪90年代初起进行的8次大规模养老改革，都诱发了大规模罢工和示威游行。2019年12月，旨在统一养老体系的改革直接触碰到了享有特殊政策的102万法国人的利益，从而引发了被称为"25年来最大一次"的全国性跨行业罢工和街头游行。由于政府和工会态度都比较强硬，在多轮谈判中难以找到妥协方式，工会有意扩大罢工和游行的规模以便进一步向政府施压，因此，罢工和游行不仅跨年，更是出现了长期发展的态势。在此期间，不堪与动荡成为法国社会的主要标签。以受波及最为严重的交通行业为例，罢工事件使得包括首都巴黎在内的多个大城市交通一度陷入瘫痪，全国90%的高铁停运，法国航空公司取消了30%的国内航班，16条地铁线路中有10条完全停运，不少民众在圣诞节期间因列车和航班停运而放弃家庭团聚计划，日常生活也受到严重影响。并且，示威活动逐渐演变为暴力冲突且不断升级，打砸抢烧和袭警成为街头政治的衍生物。

另外，政府利用执政优势强行推动改革更会加剧民众不满，这种对立情绪严重侵蚀民主政治所需的社会合意基础。2008年萨科齐政府打算出台一系列以延迟退休年龄（从60岁逐步延迟至62岁）和缓领全额养老金（从65岁提高至67岁）为核心的比较彻底的改革措施。然而，草案刚开始酝酿，就遭到了以在职工人为主要群体的多方的强烈抵制，并引发了全国范围内的长期抗议、罢工和街头示威，导致社会动荡。面对如此情况，萨科齐政府并未如前任历届政府一般急于妥协，而是以强硬的姿态继续推动改革，并于2010年11月9日正式签署有关法案，使"法国的退休体系得救了"。然而，强行通过养老金法案的做法是对法国"国家无处不在"执政传统的具体化，只会在更深层次上强化民众与政府间的对立。

3. 希腊：债务公投加速政治幻灭

希腊与其他样本国家的主要区别在于老龄化危机已然显现，对民主政治形成了直接冲击。相较于其他国家,"未富先老"的特征使其财政负担异常严重,直接诱发了主权债务危机。而作为应对措施的强制性紧缩政策,因外部性要求与民众意愿的巨大张力而形成民主赤字,甚至导致了民众对民主与政治期待的幻灭。

希腊的养老金压力不仅在于相对不合理的养老制度,也源于与养老制度很不匹配的经济实力。具体来看,图3-9显示,自开始普遍出现养老金收支失衡的20世纪70年代以来,希腊的经济发展水平与其他样本三国差异明显。一是作为经济发展水平重要衡量指标的人均国内生产总值明显低于其他国家;二是存在持续较长时间的"横盘"现象,总体表现为经济发展疲弱、水平不高。然而,虽然经济发展水平远不如德、法、意等强国,但希腊的养老金却有意向后者看齐,且慷慨程度有过之而无不及。[①] 除了实行过早退休、高额节日补贴、超高替代率等做法外,希腊养老金支出占国内生产总值的比重在欧盟也是最高的。

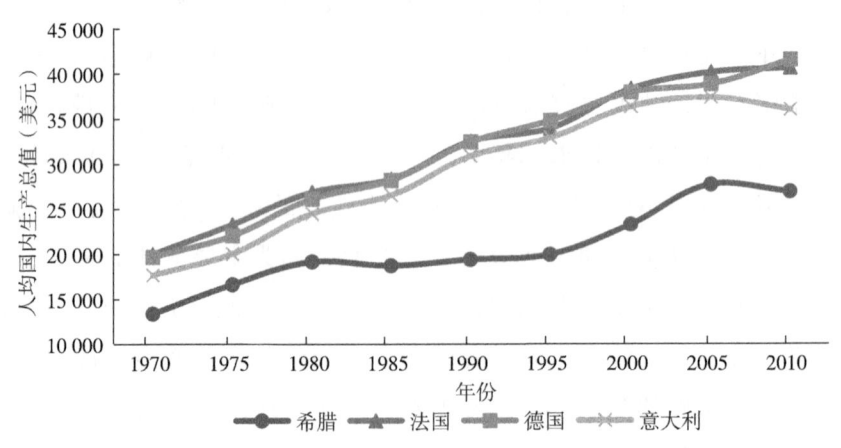

资料来源:世界银行。

图3-9 样本四国人均国内生产总值增长示意图

[①] P. W. "Why They are a Flash Point", http://www.economist.com/free-exchange/2015/06/18/why-they-are-a-flashpoint.

另外，希腊缺少灵活的货币政策。欧元区施行的统一货币政策是欧洲央行根据各成员国整体经济指标制定的，占总量六成以上的德、法、意三个经济大国的经济状况自然成为主要依据。那么，经济发展与德、法、意不同步的希腊所遵守的货币政策势必因外部性过大而存在与实际情况不相称的问题，导致调节能力有限。希腊政府为了弥合外部性造成的脱节，不得不实行扩张性的赤字政策，进一步增加了财政风险。总之，希腊"未富先老"的养老成本和货币政策的外部制约形成共振，最终诱发了主权债务危机。

为解决债务危机，欧盟委员会、欧洲央行和国际货币基金组织组成的国际债权人分三轮向希腊提供了总额高达3260亿欧元的援助计划。而希腊获得援助的代价则是异常高昂的，包括严格的财政紧缩计划、大力度的赤字缩减，以及全方位的私有化在内的一系列改革。比如，为获得第一轮援助，希腊政府承诺要在接下来的四年间实施总额约300亿欧元的紧缩措施，以减少赤字。那么，作为财政支出重头的养老金和各类福利自然首当其冲，被大幅削减。并且，类似的在国际债权人要求下的紧缩措施持续了八年之久，直到2018年外部财政救助结束才有所缓解。在这个过程中，民众因要为政府不负责任的行为买单而收入和福利大幅缩水。以养老金为例，截至2017年，希腊养老金已经下调了七次，比危机爆发前缩水70%以上，导致150万退休人员月收入低于贫困线。习惯于享受高福利的民众在因紧缩政策而承受前所未有的生活和发展压力时，对政府的不满可想而知。

除了因福利缩水而不满加剧的情况外，政府罔顾、制造和利用民意的行为更会激化信任危机。在希腊民众对实施近5年的紧缩措施的忍耐达到极限的背景下，2015年年初，激进左翼联盟候选人齐普拉斯凭借"反紧缩"的口号赢得大选。上台后，激进左翼联盟政府对国际债权人表现出比较强硬的态度，要求在继续救助的情况下取消紧缩政策，并在第一时间叫停了希腊最大港口的私有化进程，而这一股权出售计划是获得国际援助的重要条件。此举表现出新政府意图推翻此前达成的债务纾困协议的强硬态度。然而，在巨大的债务压力下，齐普拉斯政府的强硬立场很快出现软化，不再要求对希腊所欠 3200 亿欧元外债整体减记 50%，转而寻求以"债务置换"方式缓解债务负担。然而，"债务置换"方式并不被国际债权人所乐见，他们仍然态度坚定地要求希腊继续执行财政紧缩措施，并采取相应的金融反制手段。因此，齐普拉斯政府不得不违背竞选承诺，提出了一种将救助协议延长六个月作为过渡措施的办法，在这六个月当中继续致力于实现国际债权人要求的财政目标。

当过渡期结束后，国际债权人于 6 月 25 日提出了新救助贷款协议，要求希腊继续执行财政紧缩和改革政策。对此，无计可施的希腊政府只能祭出公投这个法宝，让民众来决定是否接受债权人协议草案。从事后债务谈判走势看，齐普拉斯出其不意地提出公投计划，很大程度是为了获取谈判的筹码。在 7 月 1 日发表的全国电视讲话中，他就明确呼吁民众在接下来的公投中反对接受债权人提出的具有"讹诈"性质的协议，以便为希腊争取到一个"更好的协议"。

公投中，接近 62% 的希腊民众拒绝接受国际债权人提出的新救助协议。公投结果不出所料，因为民众早已对债权人提出的削减养老金、提高增值税等财政紧缩要求十分厌恶，民众支持齐普拉斯政府以强硬的立场与国际债权人谈判。但事与愿违的是，公投后不久激进左翼联盟政府很快签署了第三轮援助协议，并制定了更为严格的紧缩政策。国际债权人对谈判破裂和公投结果实施了严厉的报复性措施——如限制向希腊银行提供流动性资金。希腊政府被迫进行资本管制，每个账户每天提现额度限制在 60 欧元，民众生活受到极大困扰，排队取存款、囤食物、抢汽油一时间成为常态。总之，由于谈判破裂而诱发的债务公投成为政治灾难，社会弥漫着对政府失望和对政治幻灭的情绪。相关民调显示，几乎一半的希腊人认为，希腊的民主只是名义上的，对民主和社会机构的信任度低得惊人；对政党和工会几乎不存在信任

(5%),对政府的信任由 62.5% 下降到 39%。①

4. 意大利:非常规机制增加不确定性

养老制度改革的政策需求与供给间存在明显结构性矛盾是意大利区别于其他三国的主要特征。并且,由供给能力偏弱而催生的非常规供给方式会加剧政治的不确定性。

意大利老龄化程度在样本国家中最深,各界都对老龄化危机有着清楚认识,养老制度改革的紧迫性无须赘言。而与之相对的则是赢弱的政策供给能力,这是由意大利强调制衡的议会制度造成的。为了强化制衡、避免独裁,1947 年宪法赋予了参、众两院大体相等的权责,任何一项议案必须在"文本相同"的前提下经参、众两院投票通过后方能生效。以伦齐政府为例,伦齐是以批评前任总理莱塔"改革滞后"而改组政府上台的,因此,他上台伊始就高调宣称"每月一改革"。但在实际工作中,面对政治体制的掣肘时他才发现改革并非易事,尤其是在联合政府仅掌握众议院多数席位的情况下,任何一项改革措施都需要长时间的磋商和妥协。比如,劳动力市场改革方案从 2014 年 6 月提出到 2015 年 9 月正式签署,历时长达 15 个月,伦齐政府在立法过程中被迫进行了多次妥协。决定伦齐政府命运的宪法修正案,在两年时间内经历了 4500 次讨论和 5600 次投票,以及 8300 次的文本修正后才获得议会批准,且因未能获得议会两院三分之二的绝对多数支持而转向公投,足见改革的复杂与困难。因此,伦齐在执政的两年多(2014 年 2 月至 2016 年 12 月)时间内的改革成果屈指可数。

另外,政党林立格局使养老政策改革共识不易达成。意大利的选举制度虽几经改革,但基本上与政党格局遥相呼应。意大利政党林立,虽然有几个较大政党为参政主力军,但数量众多的小党同样不可忽视,与此相对应的选举制度则是较低的进入议会门槛。1993 年选举法改革

---

① Loannis Kampourakis, "Political Disillusionment in Greece: Toward a Post-Political State?", https://www.opendemocracy.net/en/can-europe-make-it/political-disillusionment-in-greece-toward-post-political-state/.

后，独立竞选党派进入参、众两院的得票率门槛分别定为4%和8%，而政党联盟中的政党则只需要分别获得2%和3%的选票就可以在参、众两院获得议席。因此，小党为了能够尽可能增大获得席位的机会，会选择与大党组建竞选联盟；而大党为了最大限度获得席位以便执政，也会积极拉拢小党。这样，意大利最终形成了中左翼联盟和中右翼联盟两大阵营。两大阵营常处于均势的格局使得议会中小党的支持异常重要，有时甚至成为决策博弈的"关键加入者"。反过来，小党也能够通过取消支持而阻止政府采取自己反对的任何行动。具体到养老政策改革，当小党与主要执政党意见相左时，小党能够以退出联盟为威胁来抵制大党的改革措施，使养老政策改革难产。例如，2011年贝卢斯科尼联合政府试图推出退休制度改革方案，但因遭到联合执政伙伴北方同盟的反对而失败。虽然贝卢斯科尼以本人下台为条件换取北方同盟对改革方案的支持，但新上任的蒙蒂政府的养老金和退休年龄改革方案仍然因遭到自由人民党和北方联盟的坚决反对而寸步难行。执政联盟内部如此，那么在野党和执政党的相互拆台和倾轧就更为严重了。总之，政党林立的格局下，各党派因利益分歧很难对养老政策改革达成共识。

还有，政府频繁更替也会使养老政策难以为继。意大利政府经常下台而后又能按照相关程序重组，说明意大利政治稳定程度较高，人们对民主政治的程序和规则具有较高共识。然而政治稳定并不能掩盖中央政府频繁更换所产生的巨大不确定性。就连主动解散政府的政党都会有意识地避免这种不确定性。比如，2019年"五星运动"和联盟党分道扬镳后，总理孔特辞职下台。此后，"五星运动"尝试和民主党组建联合政府，并建议仍由孔特担任总理，意在规避政策的不确定性。但是，单一政党在某一阶段的具体做法并不能改变整体格局，政策不稳定、存在巨大不确定性仍是意大利政局的显著特征。传导到养老政策改革上就是难以落实，平均13个月一次的政府换届实在过于频繁。如2011年蒙蒂技术性内阁为应对金融危机和债务危机，制定了提高意大利退休年龄、停止因通胀而向高收入退休人员增发养老金的紧缩型养老政策，但这一政策基本上并未得到真正实施就随着蒙蒂在2012年的下台而趋向消亡了，该政策甚至在2015年被宪法法院驳回。如此局面，不仅加剧了民众对政府的质疑，也让继任者如伦齐无所适从，他原计划在蒙蒂养老政策改革的大框架内继续推动的相关改革，随着一纸判令而无以为继。

为此，政府不得不寻求以非常规甚至是极端的方式推进改革。其中之一就是利用信任投票的方式绕过繁杂的议会正规程序，缩短立法时间。客观地讲，信任投票这一步骤并不是非常规的，按照意大利法律规定，赢得大选的政党在成功组阁后需要接受并通过参、众两院的信任投票才能算正式成立。然而在执政过程中发起信任投票则是受制于政治体制的无奈选择。为应对老龄化冲击下的劳动力结构问题，伦齐政府发起了改革劳动力市场的《劳动法案》。由于涉及多方利益，该法案在议会经历了无休止的讨论而无法取得实质性进展。迫于改革压力，伦齐政府只能选择风险特别大的信任投票。好在伦齐政府赢得了信任投票，否则只能下台，这将进一步加剧政治不确定性。正是意识到体制弊端是影响改革进程的主要障碍，伦齐发起了波及面更加广泛的宪政体制改革，旨在对议会进行以削减权力为核心的全面改革，提升立法和行政效率。然而，由于未能得到议会三分之二的绝对多数支持，按照相关程序只能启动修宪公投。最终结果是，公投失败不仅导致伦齐下台，更进一步扩大了分歧，加剧了政治混乱。

总之，政策供给不足的问题削弱了意大利政府应对老龄化危机的能力。反过来，应对老龄化危机的紧迫性又刺激着政府推进政治改革，弱化议会的政治机能。在这个闭合回环中，老龄化持续加深给政局带来了巨大挑战。

（四）小结

从人口结构政治学视角看，人口老龄化有着独特的政治逻辑。作为人口结构变迁形式和发展趋势的人口老龄化，能够直接作用于人口年龄结构且带动其他结构，如劳动力结构、族群结构的变迁，并产生相应的政治文化、政治观念、政治行为和政治力量，进而通过相关机制传导到政治系统内形成新的政治结构。这一过程就是老龄化影响民主政治的过程。以往，我们对老龄化与政治互动关系的认识相对笼统，主要源自对老龄化与民主政体的简单化处理，忽视了内部差异性。基于此，本节内容在总结了老龄化在大的民主框架下的政治影响后，结合老龄化与经济发展匹配程度、具体政治制度、社会发展的差异，具体讨论了老龄化制约民主政治的不同图景。

从比较的结果看，老龄化确实能够对民主制度产生多维度的影响，甚至在特定情况下是作为主要影响因素存在的。即使存在国别差异，老龄化对民主政治的影响也存在协同性。比如，老龄化能够重塑投票格局并影响公共政策，老龄化进程对社会的负面影响表现在弱化民主基础的同时催生民粹主义。这些现象在样本国家都有发生，只不过差异性使我们能够更加深入地认识老龄化对民主政治的制约。首先，影响结果存在差异，希腊式的政治幻灭在其他国家并未出现，非常规的改革机制也仅在意大利频繁发生。其次，类似结果的形成路径是不一致的。比如，同样是加剧民众对政府的不满，德国是因为政府的决策造成的难民危机，希腊则是因为不负责任甚至是"戏耍"民众的行为，而法国的原因则集中体现在政府对养老制度的执意改革上。最后，需要明确指出的是，类似的结果所表现出来的程度或是危害不同。前文对比之下总结的差异性特征并不为某一国家所独有，只是在该国程度最深，或者已经形成严重危害。举例来说，右翼民粹型政党借力移民危机在西欧兴起是一种常态，只不过因为德国难民危机最为突出，传统的政治稳定被打破，才将难民危机对政治格局的改变视为德国的差异性特征。同样的，针对养老制度的改革各国都在进行，且通常情况下都会导致罢工和示威游行，但法国的激烈程度是最高的，不仅对执政当局产生影响，更是会侵蚀民意基础而影响政治走势。由此可知，老龄化制约民主政治的途径确实有一定的规律可循，但同时又存在着不尽相同的表现形式、形成路径和影响程度。

第四章 "青年膨胀"的政治效应

"青年膨胀"（Youth Bulge）指的是一种特殊的社会状态，而不仅仅是青年人口规模扩大、比重提高。"青年"既是生命周期的某一阶段，更被视为一种集合寻求改变、独立和自由等价值观念和向上向外扩张的行为方式的人口属性。青年群体有着改变世界的使命感，渴望实现人生价值，更容易被新观念或激进思想吸引，对传统权威的尊崇度较低。同时又因承担的家庭和职业的责任相对较少，青年克服集体行动困境更为容易。这些属于青年群体特有的人口属性使其成为"反抗、不稳定、改革和革命的主角"。但是，大量青年人口并不会自动成为社会不稳定因素。经验表明，只有当面向青年群体的教育、就业、住房和政治参与等资源不充分或不平衡时，部分因失业、贫困或被边缘化，甚至不能实现人生过渡，从而充满抱怨情绪的青年群体才会成为影响社会稳定的不安因素。这也是"青年膨胀"现象在一定程度上突破人口结构的限制，在世界范围内都有所表现的重要原因。不过，由于青年比重大小、社会发展阶段、经济发展水平、青年生活状况、政权组织类型等多方面存在明显国别差异，使得造成"匹配不足"的原因也大不相同，在世界范围内大体形成了四种"青年膨胀"的类型，它们对政治系统的影响方式、程度与结果不尽相同。以不同类型的演化机制为主线，可通过分析"青年膨胀"形成过程来认识其如何影响政治系统。随着总和生育率持续下降，"青年膨胀"的人口基础在弱化，但并不意味着"青年膨胀"的风险降低。毕竟，"青年膨胀"发生的核心机制在于青年发展的资源需求得不到很好的满足。因此，应对"青年膨胀"现象应从落实青年发展权入手。

一、"青年膨胀"的内涵与人口学现状

"青年膨胀"并不仅仅是指高比重、大规模的青年人口，而是立足于高比重、大规模的青年人口所产生的社会破坏性和政治暴力性演化出的一种失稳的社会状态。从这个意义上讲，"青年膨胀"与老龄化和人口迁移不同，不是纯粹的人口学概念，而是具有非常明确的人口政治学内涵。因此，回顾"青年膨胀"的理论脉络和创建者观点，归纳"青年膨胀"的人口学现状，有助于更加清晰地认识"青年膨胀"对政治系统的影响，以及世界政治稳定所面临的挑战。

（一）"青年膨胀"的内涵

青年不仅仅是生命历程中的某一个阶段，更是被理解为"追求人的自由和解放行为的价值尺度"，是一种寻求改变的思想、行为方式和价值观念。与此同时，青年时期正是向内吸收、对外伸张的阶段：向内吸收是指，在人生观和价值观塑造及成型过程中，青年会主动接纳各种意识形态和社会思潮，尤其是非主流的观念；对外伸张是指，青年有意将内化的思想转化为社会实践，表现为一种向上向外的行动张力。[①] 因此，青年常常与"不安分"联系在一起，成为不稳定的变量。特别是在青年的数量和比重达到一定程度后，能量的聚集使其更具破坏力。如此，青年群体以及青年群体逐渐增加的与社会冲突、政治暴力的关系受到学界关注。比如，在20世纪60年代，美国学者赫伯特·莫勒通过对现代以来欧洲人口结构变化的研究发现青年人口激增

---

① 朱峰：《青年性、暴力结构与青年膨胀》，载《中国青年研究》，2018年第2期，第30—37页。

与政治暴力之间存在逻辑关系。他指出，二战前的德国青年比重非常高，但青年人口激增所产生的现实需求遭到了经济大萧条的限制。这个充斥不满情绪、寻求突破外界限制、深受纳粹思想蛊惑的青年群体成为德国纳粹上台的一个重要助推器。① 加斯东·布图尔则把青年之间对就业和教育资源的竞争视作青年人口增多后，对国家政治安全形成挑战的重要原因。② 纳兹丽·舒克瑞也发现了青年人口与政治动荡之间的关系，并从国际政治的层面予以考察。③ 亨廷顿则从社会动员的角度分析了青年人口增长的政治后果。他认为，伊斯兰教的复兴很大程度上是被高人口增长率所推动的，大规模、高比例的年轻人成为伊斯兰教组织和政治运动的生力军。而青年人口激增所产生的对资源额外的需求，使得社会滋生出一种向外扩张的倾向，成为导致沿伊斯兰世界边境的穆斯林和其他民族发生冲突的主要原因。④

虽然上述研究在多个层面、从多个角度考察了青年人口比重过大与规模增长和政治系统安全之间的关系，认为青年在人口学意义上的"膨胀"是发生政治暴力的主要诱因，但"青年膨胀"的概念被真正明确提出，则是在1995年美国中央情报局的一次会议上。出于对世界青年人口，特别是经济比较落后的第三世界青年人口激增，以及由此产生的在多个层面的破坏性的顾虑，格雷厄姆·富勒提出了"青年膨胀"的概念。不过，真正从学术角度对"青年膨胀"开展理论研究，则始于贡纳尔·海因松。他先是对历史上青年人口比重升高所造成的政治影响进行了简单梳理，发现推动16世纪开始的欧洲帝国扩张的一个重要力量是"青年男性暴增"。并且，他还指出，20世纪初期日本

---

① Hebert Moller,"Youth as a Force in the Modern World", *Comparative Study of Society and History*, Vol. 10, No. 3, 1968, pp. 238—260.

② Gaston Bouthoul, De Certains Complexes et de la Pyramide Desages, *Guerre et Paix*, No. 4, 1968.

③ Nazli Choucri, *Population dynamics and International Violence: Propositions, Insights, and Evidence*, Washington D. C.: Lexington Books, 1974.

④ 塞缪尔·亨廷顿著, 周琪等译：《文明的冲突与世界秩序的重建》, 北京：新华出版社, 2010年版, 第96—99页。

第四章 "青年膨胀"的政治效应

帝国的对外侵略也有着类似的原因。在参考历史上发生"青年膨胀"具体情况的基础上,海因松从数量的角度对"青年膨胀"做了如下定义。他认为,当15—29岁的人群占总人口30%以上时,暴力就会发生;当大部分人口低于15岁时,暴力事件往往迫在眉睫。[1] 从这个定义看,"青年膨胀"立足于一定比重的青年人口,但并不局限于仅对青年人口比重作出探讨,认识"青年膨胀"应该关注体量巨大的青年人口在特殊社会状态下对政治系统造成冲击的问题。因此,"青年膨胀"具有非常明确的人口政治学内涵,而非单一的人口结构变化。

在贡纳尔·海因松提出"青年膨胀"的学术概念之后,也有其他学者对这一现象予以关注与研究。除了肯定"青年膨胀"的核心内涵,即过高的青年比重会引发社会动乱之外,学者们还尝试对"什么是青年群体"、"发生'膨胀'现象的青年比重阈值",以及"青年比重计算方式"等核心指标根据实际情况和研究需要做了新的界定,以期能够更加客观、准确地描述现实世界的"青年膨胀"现象。虽然海因松在提出概念时分别以"15—29岁""30%""青年人口占全部人口的比重"对上述指标作出明确界定,但由于现实情况的复杂性,"青年膨胀"在不同地区发生的异质性较高,学界对上述指标的研究一直存在分歧。

首先是如何界定"青年人口"。要研究"青年膨胀",首先就要弄清楚什么是"青年"。从官方表述来看,联合国对"青年"下过比较权威的定义,即"青年"是年龄介于15岁与24岁之间(含15岁和24岁)的那些人。但由于存在政治、经济、社会和文化的差异,世界各地对"青年"的定义也不尽相同。比如,俄罗斯在2020年通过立法统一了"青年"的年龄范围,明确将"青年"界定为14—35岁(含),而泰国则把15—25岁的人视为青年。此外,对"青年"的定义不仅在世界各地存在差异,联合国各下属机构也因为着眼点的不同,

---

[1] Christopher Caldwell, "Youth and War, a Deadly Duo", https://www.ft.com/content/1eb43b70-9cf3-11db-8ec6-0000779e2340.

根据工作需要对"青年"进行单独定义。比如，联合国教科文组织认为 14—34 岁的人为青年人，而世界卫生组织则是将 14—44 岁的人都定义为青年人。在学术研究方面，更是存在着对"青年"定义标准十分庞杂的现象，不同的研究采用不同的定义口径。

　　需要强调的是，明确界定"青年"的年龄范围在关于"青年膨胀"的研究中并不是必要的。通常"青年"是一个笼统的概念，是由少年向成年过渡的一个人生阶段，这个阶段的社会特性使其具备了诱发"青年膨胀"的可能。相关研究主要聚焦于"青年膨胀"的发生机制，而不专门定义"青年"。不过，在探究青年人口比重和政治暴力两者关系的定量研究中，往往需要对"青年"作出明确界定，并且界定标准对研究结果具有举足轻重的意义。下文将对此具体讨论，此处不再展开。具体来看，"15—24 岁"和"15—29 岁"是学界通用的两个定义青年的标准，都被使用在"青年膨胀"的研究中。相比而言，前者使用更加广泛，这和亨里克·乌达尔（Henrik Urdal）率先以定量方式考察"青少年膨胀对国内武装冲突的影响"时采用"15—24 岁"来定义青年有一定关系，同时也有和联合国标准保持一致有利于数据采集的原因。

　　其次是"青年膨胀"现象发生的阈值。正因为存在"青年"定义的分歧，不同研究认为的引发动乱的青年比重阈值也存在较大差异。具体来看，海因松将"青年膨胀"的发生阈值设定为 30%，而亨廷顿则把 20% 的青年比重视为孕育社会风险的阈值，远低于海因松的标准。两种研究在表面上存在较大差距，实则出入并不大，根本原因在于对青年的年龄界定范围不同。海因松的研究将青年年龄划定为"15—29 岁"，但亨廷顿采用了"15—24 岁"的划分标准。自然，采用较窄年龄段的划分标准，"青年膨胀"的阈值也就降低了。并且，对于亨廷顿提出的"20%"的标准，学界有过验证。但乌达尔在证明年龄结构与政治暴力之间存在统计意义上的关系的同时，并未发现支持亨廷顿说法的数据关系。值得指出的是，我们需要辩证地看待"青年膨胀"的

第四章 "青年膨胀"的政治效应

阈值。对于某个社会现象发生的阈值，只能是出现相关条件后，该社会现象特别容易发生。"青年膨胀"的阈值表示，青年人的比重超过某个"临界水平"会使国家特别容易发生冲突，而并非一定会发生。反之，远低于发生阈值的青年比重也并不意味着不会发生"青年膨胀"现象。在青年比重较低的国家，如果青年失业和发展受困问题集中出现，同样会爆发"青年膨胀"。

最后，青年比重计算方式，即如何定义青年比重同样存在争议。不论是"30%"还是"20%"的阈值，都是部分与整体做"除法"的结果。因此，界定什么是"部分"，什么是"整体"，从某种程度上讲比如何定义青年人口和爆发阈值更为重要。早期研究沿用了海因松的计算方式，通常使用青年群体占总人口的比例来表示青年比重，亨廷顿、戈德斯通等在相关研究中都采用上述计算方法。但亨里克·乌达尔认为，如果采取上述计算方式会导致青年比重严重失真。在他看来，在出现或即将出现"青年膨胀"的社会往往具备高出生率的特征。而高出生率会导致人口年龄结构呈现出典型的正金字塔形状。如此，婴幼儿占总人口比重较高的现实使得青年比重在较大程度上受制于婴幼儿体量而变小，不能客观反映青年群体在社会动乱中的作用。因为"青年膨胀"主要描述的是青年群体与其他成年群体之间的矛盾，故青年比重的计算方式应为青年占青年以上人口的比重，他还在相关实证研究中证明了这种计算方式的进步性。[1] 保罗·科利尔（Paul Collier）和安克·霍夫勒（Anke Hoeffler）则仅以青年男性与总人口的比例来衡量青年比重，因为他们认为男性的暴力和犯罪行为是导致社会动乱的重要因素。[2] 这一现象在大多数发展中国家得到验证，排除掉青年女性的数量之后会使预测"青年膨胀"更加准确。

---

[1] Henrik Urdal, "The Devil in the Demographics: The Effect of Youth Bulges on Domestic Armed Conflict, 1950-2000", https://documents1.worldbank.org/curated/en/794881468762939913/pdf/29740.pdf.

[2] Collier P. and Hoeffler A, "Greed and Grievance in Civil War", *Oxford Economic Papers*, Vol. 56, No. 4, 2004, pp. 563-595.

总之，青年人口比重增加会对与之相关的教育、就业、收入和住房等社会发展问题造成负面影响，并通过相关政治机制影响社会稳定。学界将这一现象称为"青年膨胀"。①

（二）"青年膨胀"的人口学现状

在海因松的定义中，"青年膨胀"是人口政治学视域下的一种由人口结构变迁所引发的社会失稳状态。但也有不少学者将其用来描述青年人口比重增长、规模扩大，仅作为人口学视角下的人口年龄结构变迁形式。② 并且，在同一篇文章中两者混淆使用的情况也并不少见。显然，这不利于从"青年膨胀"的角度来研究人口结构变迁的政治效应。因此，本文在使用"青年膨胀"概念时遵循海因松的定义，而把青年人口比重增长、规模扩大这一人口年龄结构变迁视为"青年膨胀"的人口基础，可称为"青年人口膨胀"。本小节主要考察"青年膨胀"的人口年龄结构变迁，这有助于更加清晰地认识"青年膨胀"对政治系统的影响，以及世界政治稳定面临的挑战。从人口学角度看，处于人口转变进程早期阶段的社会，有着非常高的生育水平和开始逐渐降低的婴幼儿死亡率，导致大量幼儿人口短时间内进入青年阶段，这是出现青年人口比重增长、规模扩大的前提条件。探究"青年膨胀"的人口现状，可以从青年规模、青年比重与全球分布三个角度入手。

1. 青年数量长期保持增长但出现下滑趋势

数量持续增长作为世界人口发展的主要趋势之一，同样适用于青年群体。如图4-1和表4-1显示，青年群体数量规模的发展呈现出与人口总规模大体同步的趋势，从1950年的6.59亿增长到2020年的18.04亿，同期世界总人口则由25.36亿增长到77.95亿。在70年的

---

① Chaaban Jad, "Youth and Development in the Arab Countries: The Need for a Different Approach", *Middle Eastern Studies*, Vol. 45, No. 1, 2009, pp. 33-35.
② David Lam and Murray Leibbrandt, "Youth Bulges and Youth Unemployment in Developing Countries", https://conference.iza.org/conference_files/worldb2014/lam_d5998.pdf.

时间里全球青年人口和总人口分别增长了173.75%和207.37%。虽然青年与总人口的规模增长大体同步，甚至略低于总人口的发展势头，但并不意味着当下青年人口规模对社会发展的影响类似于20世纪50年代。18.04亿的青年人口对资源——既包括天然资源，如水资源、金属资源、燃料资源等，也包括社会发展资源，包括住房、就业、教育、政治参与等——的需求给自然环境、政府治理和社会发展都形成巨大挑战。

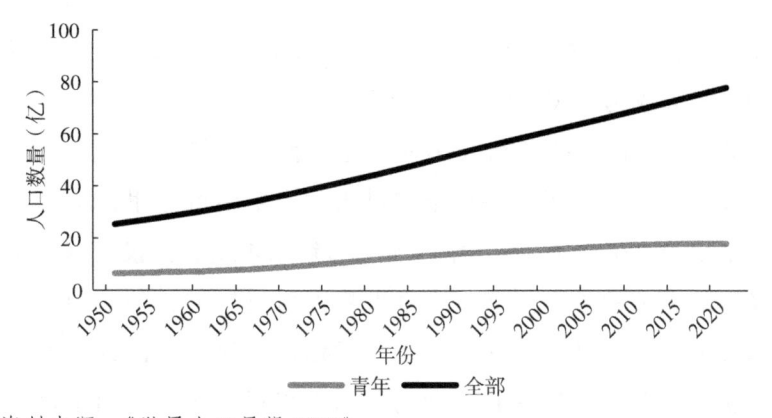

资料来源：《世界人口展望2022》。

图4-1 世界总人口与青年人口发展趋势图

表4-1 世界人口与青年人口数量表　　　　　　（单位：亿）

	1950年	1960年	1970年	1980年	1990年	2000年	2010年	2015年	2020年
青年	6.59	7.34	9.17	12.04	14.48	15.91	17.71	18.08	18.04
全部	25.36	30.35	37.00	44.58	53.27	61.43	69.57	73.80	77.95

资料来源：《世界人口展望2022》。

以非洲青年增长和粮食供给为例。撒哈拉以南非洲的青年人口在过去50年内经历了近乎爆炸性的增长，从1950年的4000万左右增加到2020年的3亿多。然而，受制于全面落后的水利、种子、农机、技术、投入，以及种植文化的影响，撒哈拉以南非洲的耕地开发程度仍处于全球最低水平，非洲农业生产力仅为世界其他地区的三分之一。在人口相对较少的时候，优渥的自然环境能够提供相对充足的食物。但随着"人口爆炸"而形成的城市化生活方式，导致依靠自然环境获取食物的方式因不能长期储存而难以为继，城市人口的食物需求就成了问题。正因如此，非洲成为全球饥饿问题最严重的区域。根据《2021年世界粮食安全和营养状况》，非洲有2.82亿人口面临食物不足的问题，而高达7.99亿人口（占非洲人口总量55.9%）面临中度或重度粮食安全危机。[①] 撒哈拉以南非洲人口十分年轻，中值年龄仅为19.4岁，这也就意味着上述面临粮食危机的人口多为年轻人。如此，饥饿的年轻人成为冲突持续的生力军。

与世界人口仍然持续增长不同的是，世界青年人口规模已经出现了负增长的情况。主要原因在于在过去的半个多世纪里，全世界的总和生育率稳步下降，由1960年的5下降到2.4左右，仅仅略高于保持人口稳定的2.1的水平。这也是全世界人口仍然增长的原因，但青年人口却失去了增长动力。并且，受儿童死亡率降低、抚养成本增加以及妇女获得了更多受教育和劳动的权利等因素影响，总和生育率仍处在下降趋势中。如此，青年人口规模负增长的趋势也将延续下去。

2. 青年比重长期保持稳定但出现下降趋势

如图4-2所示，全球青年人口与总人口规模同步发展的现实，使得青年群体比重并未发生明显变化，在占总人口的四分之一上下波动。不过，需要注意的是，自1985年青年比重达到半个多世纪以来的顶点之后，开始了持续小幅度下降的趋势。图4-3显示了1955年以来青年比重年增长率趋势，可以看到，青年比重已经连续30余年呈负增长态势。2022年青年比重仅为23.14%，且随着总和生育率持续下降、青年人口规模负增长而人口总数缓慢增长，青年人口比重将会出现明显下降。

[①] 联合国粮农组织：《2021年世界粮食安全和营养状况》，https://www.fao.org/3/cb44742h/cb44742h.pdf。

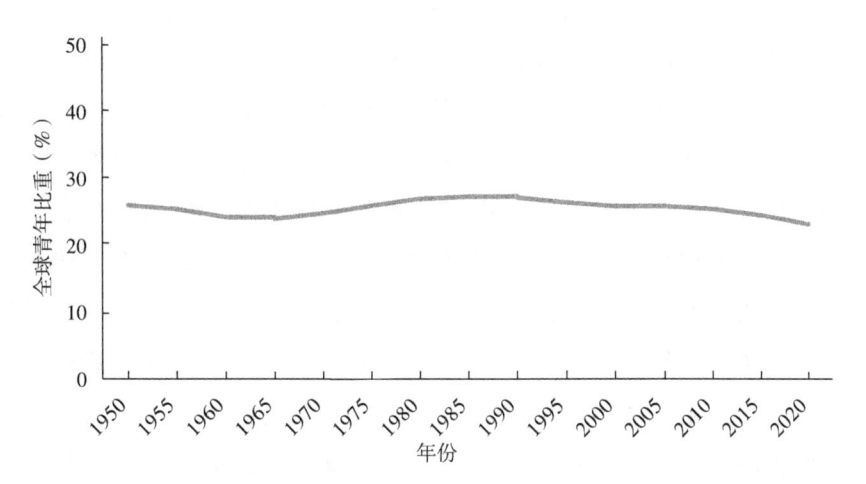

资料来源:《世界人口展望2022》。

图 4-2　全球青年人口占总人口比重发展趋势图

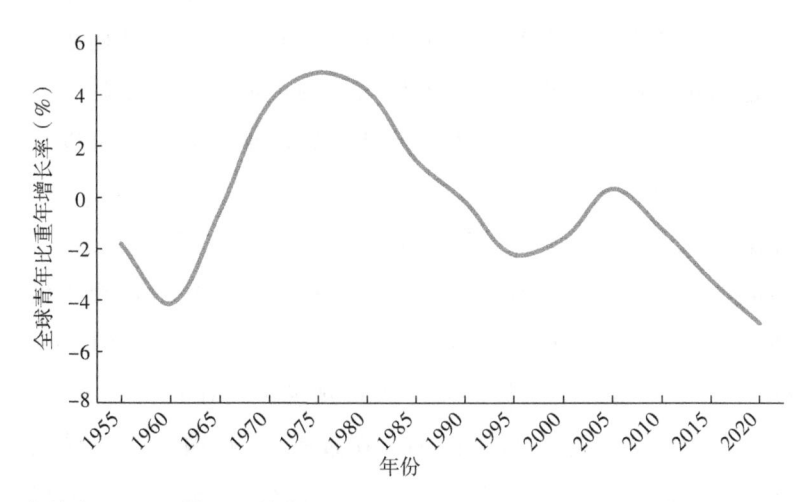

资料来源:《世界人口展望2022》。

图 4-3　全球青年比重年增长率变化示意图

3. 青年人口的规模分布和发展趋势存在显著地区差异

通过上述对青年人口现状的归纳可以发现，全球青年人口比重和规模长期保持一种"稳定"的状态——稳定增长和比重稳定。但全球性的稳定其实建立在地区差异的动态平衡上，青年人口的规模分布和发展趋势存在显著地区差异，更能代表"青年膨胀"的人口现状。因为人口转变进程是社会发展水平和发展阶段的映像，所以人口转变进程也存在明显的不同步现象。比如，欧美地区早在20世纪中叶就已经普遍走完了人口转变历程，而非洲仍然处在人口转变初期，甚至部分国家还没有开始发生人口转变，仍然停留在高出生率、高死亡率和低自然增长率的阶段。因此，全球范围内的规模同步增长和比重基本保持不变，不能完全地反映"青年膨胀"的真实人口结构基础。进一步看，由于各地区、各国的出生率、婴幼儿死亡率和整体死亡率存在较大差异，人口结构变迁路径相似但处于不同阶段，人口结构表现形式多元。这也就导致高青年比重的人口结构的形成需要一定的社会发展背景。青年人口的规模分布和发展趋势存在的地区差异，可以从以下三个方面来归纳。

首先，在绝对数量方面，以发展中国家居多的亚非拉三洲，得益于较高的出生率和逐渐下降的婴幼儿死亡率，是青年群体规模增长的主要地区，几乎贡献了96.5%的新增青年人口。表4-2和图4-4呈现了1950—2020年世界不同区域青年人口规模和占比情况。具体来看，亚洲仍然是青年人口数量最多的洲，在过去70年内不仅规模大幅增长，全球占比也略有提升，几乎占到了五分之三。非洲青年人口数量呈高速增长趋势且全球占比翻番，量比双维度仅次于亚洲。拉丁美洲青年人口在数量上超过欧洲，全球占比也略有提升。而以发达国家居多的欧美地区，受制于出生率的下降，各国青年群体规模并未发生明显变化，甚至部分国家出现了减少的情况。比较而言，亚非拉青年人口规模增长对"青年膨胀"的促成作用要明显优于欧美。欧美在某种程度上对"青年膨胀"起到抑制作用。而大洋洲青年人口增速虽然非

第四章 "青年膨胀"的政治效应

常可观,但人口基数太少,对于全球青年人口规模变化的调节作用十分有限。

表4-2 1950—2020年全球不同区域15—29岁青年群体人口数量

(单位:百万,%)

	1950年	1960年	1970年	1980年	1990年	2000年	2010年	2020年	70年占比总增幅
发达国家	203.42	205.66	234.67	266.86	258.29	247.79	244.22	220.08	6.88
欠发达国家	455.12	528.03	681.96	937.35	1189.26	1343.00	1526.85	1584.20	248.08
最不发达国家	52.20	62.53	78.19	100.78	136.14	180.85	232.16	296.91	468.79
非洲	60.73	72.59	92.16	124.16	166.90	225.02	289.33	362.97	497.68
亚洲	370.98	425.25	544011	736.25	923.08	998.61	1097.65	1074.85	189.73
欧洲	139.09	136.5	145.58	166.98	160.81	152.33	146.31	121.91	-12.35
拉美	45.02	55.41	73.98	101.02	124.38	143.13	157.53	160.90	257.40
北美	39.66	40.43	55.84	69.70	65.44	64.50	71.75	74.45	80.16
大洋洲	3.07	3.45	5.00	6.10	6.90	7.20	8.50	9.20	199.67

资料来源:《世界人口展望2022》。

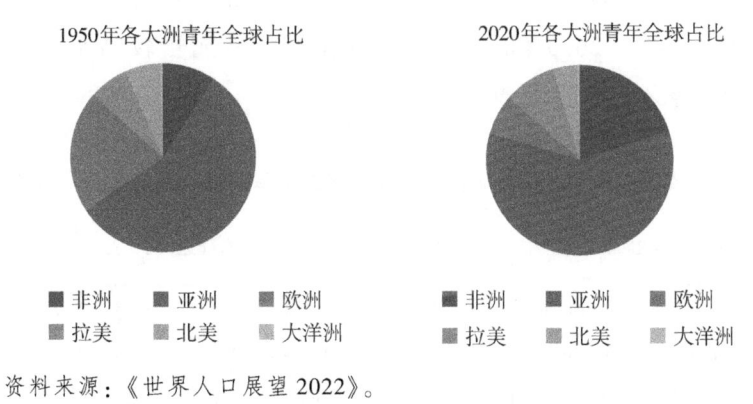

图4-4 1950年和2020年各大洲青年全球占比对比图

资料来源:《世界人口展望2022》。

其次,在相对比重方面,出生率和死亡率在各大洲、地区和国家间的差异,使得各地区青年人口比重的稳定被打破。对于青年群体占总人口的比重来说,出生率发挥着重要作用,是青年群体比重增长的前提条件。不过,有时候出生率并不能发挥决定性作用。表4-3的数据说明,对于那些处在人口转变进程发端阶段的国家来说,受制于相对较低的科技、生活和医疗卫生水平,婴幼儿死亡率较高。因而,即便具有较高的生育率,婴幼儿较高的死亡率也会导致大量幼儿人口不能过渡到青年人口。与此同时,较高的出生率所带来的大规模幼儿人口实质上增大了社会总人口基数,使得青年比重并不算太高。这种情况在撒哈拉以南非洲比较普遍。尼日利亚的青年比重与高出生率之间的不适配就是典型案例。不论以任何口径统计,尼日利亚都是高出生率的国家,常年保持在全球前十的水平。比如,根据世界银行统计,尼日利亚在2010年的出生率为41.34‰,位居全球第九,而与如此高的出生率相对应的则是仅为26.9%的青年人口比重。造成这种情况的一个重要原因就是经济社会发展落后而产生的超高婴幼儿死亡率。由于严重缺乏医疗设施和卫生公共服务,一些常见的疾病,如肺炎和腹泻就能夺取婴幼儿的生命,孕产妇和婴幼儿还需要面临粮食不足问题。因此,即便婴幼儿死亡率已经连续多年下降,在2010年仍高达135.5‰,全球排名第六。正因如此,尼日利亚的青年比重与高出生率并不适配。当然,26.9%的青年比重在全球仍然属于较高水平,只是与较高生育率不匹配,这点需要承认。

表4-3 2010年和2020年非洲部分国家出生率和婴幼儿死亡率(单位:‰)

年份	指标	尼日尔	索马里	乍得	马里	刚果(金)	安哥拉	布隆迪	冈比亚	尼日利亚	布基纳法索
2010	出生率	49.80	44.16	46.60	46.38	44.86	45.66	42.92	40.88	41.34	42.31
	死亡率	121.90	157.40	147.70	130.30	113.80	120.40	91.00	73.60	135.50	121.50
2020	出生率	45.21	41.41	41.16	40.56	40.11	39.79	37.77	37.59	37.01	36.99
	死亡率	77.50	114.60	110.00	91.00	81.20	71.50	54.40	49.40	113.80	85.00

续表

年份	指标	莫桑比克	乌干达	坦桑尼亚	几内亚	贝宁	赞比亚	科特迪瓦	中非	喀麦隆	南苏丹
2010	出生率	40.72	44.69	40.25	39.71	39.28	41.19	37.40	38.91	39.42	38.22
	死亡率	104.90	76.30	71.90	117.70	109.00	79.00	106.30	145.00	110.10	108.40

年份	指标	莫桑比克	乌干达	坦桑尼亚	几内亚	贝宁	赞比亚	科特迪瓦	中非	喀麦隆	南苏丹
2020	出生率	36.81	36.67	35.98	35.57	35.45	35.44	35.17	34.88	34.42	34.30
	死亡率	70.60	43.30	48.90	95.60	85.90	61.40	77.90	103.00	72.20	97.90

资料来源：世界银行。

而同样存在较高生育率的东南亚、北非和中东地区，经济社会已经得到了一定的发展，医疗卫生和生活质量在大部分地区有基本保障，只是欠发达而非落后。如表4-4所示，总体而言，这些地区处在人口转变进程的中期阶段，高出生率、低死亡率（包括整体死亡率和婴幼儿死亡率）和高增长率是主要特征。这些地区存在大量婴幼儿人口向青年人口转变的社会基础，并且其人口预期寿命的延长相对滞后于死亡率的下降，老年群体数量并不庞大，很难抵消青年群体的快速增长。因此，即便生育率大幅低于撒哈拉以南非洲，但青年比重要高于后者，甚至达到了海因松"青年膨胀"的标准。以地处北非的阿尔及利亚为例。该国经济比较单一，以开发石油和天然气为主要支柱，因受国际投资的青睐而国民经济发展较好，人们有着相对稳定的工作、收入和生活，国民受教育程度较高。民众对政府的认可度也比较高，即便在2011年周边地区出现"阿拉伯之春"，阿尔及利亚国内政治也比较稳定。阿尔及利亚2010年常住人口出生率为24.5‰，在全球处于中等偏上的水平，远低于上文提到的尼日利亚。但2010年阿尔及利亚的青年人口比重为31.5%，比尼日利亚高出近5个百分点，关键就在于阿尔及利亚的婴幼儿死亡率远低于尼日利亚，仅为27.4‰。

表 4-4　2010 年和 2020 年东南亚、北非和中东部分国家出生率和婴幼儿死亡率

(单位:‰)

年份	指标	东帝汶	缅甸	柬埔寨	老挝	菲律宾	埃及	利比亚	阿尔及利亚	摩洛哥	突尼斯	沙特
2010	出生率	30.69	19.78	25.50	26.88	25.02	27.26	21.93	24.50	21.21	18.15	22.12
	死亡率	61.50	63.70	43.80	68.30	31.70	28.70	16.60	27.40	31.20	18.40	12.30
2020	出生率	29.02	17.23	21.00	22.66	19.89	25.07	17.81	22.78	18.10	16.60	16.81
	死亡率	42.30	43.70	25.70	44.10	26.40	19.50	11.10	22.70	18.70	16.60	7.00

年份	指标	伊朗	伊拉克	科威特	阿联酋	阿曼	卡塔尔	巴林	土耳其	以色列	叙利亚	黎巴嫩
2010	出生率	18.154	33.35	19.61	11.89	21.68	11.25	16.55	17.92	21.80	28.15	16.281
	死亡率	19.30	34.90	10.40	8.70	11.70	9.10	8.50	18.10	4.60	18.90	10.20
2020	出生率	17.94	28.13	12.62	10.13	17.78	9.226	13.27	15.53	19.68	22.71	17.17
	死亡率	12.90	25.20	8.90	6.60	11.00	5.80	6.80	9.50	3.60	22.40	7.00

资料来源：世界银行。

对于那些处在人口转变进程末期，或是已经完成人口转变的国家或地区来说，较低的出生率使得向青年群体过渡的婴幼儿人口基数较小，加之逐年延长的预期寿命使得老年群体增多，导致青年群体比重比较低。如表 4-5 所示，这种情况在欧洲和北美洲等地区较为普遍，东亚地区有所显现。以德国为例，早在半个多世纪前德国就已经完成了人口转变，20 世纪 70 年代后社会总和生育率开始跌破 2，低于维持人口数量稳定的最低要求。德国 2010 年的总和生育率仅为 1.39，出生率仅为 8.3‰，处于全球最低水平。如此，即便德国有意引进以年轻人为主的劳动移民，但德国青年群体比重仅为 17.23%，且存在持续下降的趋势，2020 年青年比重降为 16.11%。

表4-5　2010年和2020年欧洲、北美部分国家出生率和整体死亡率

(单位:‰)

年份	指标	英国	德国	法国	意大利	芬兰	瑞典	西班牙	希腊	美国	加拿大
2010	出生率	12.80	8.30	12.70	9.20	11.10	11.80	10.10	9.60	12.70	11.00
	死亡率	8.90	10.50	8.50	9.90	9.50	9.60	8.20	9.80	8.00	7.00
2020	出生率	11.38	9.48	11.01	7.24	8.87	11.85	8.14	7.32	11.96	10.25
	死亡率	9.44	11.46	9.42	10.70	9.87	9.10	9.273	11.11	8.95	7.83

资料来源：世界银行。

总的来说，当下"青年膨胀"的人口结构具有集中分布的特征，主要集中在东南亚、北非和中东三个地区。从表4-6可知，按照海因松的界定，当前只有东帝汶和也门属于"青年膨胀"国家，比例确实不高。不过，有三点需要注意。一是海因松的界定标准为了确保"青年膨胀"必然发生而存在"过高"嫌疑，一个社会青年群体如果超过30%，要么是非常年轻的人口结构，要么是一个畸形的社会。因此，亨廷顿认为青年比重超过20%就已经孕育社会风险了。[①] 两者之间存在的差距，虽然有"青年"界定标准不同的原因，但10个百分点的差距并不完全取决于界定标准。二是"30%"的阈值并非一成不变，而是与政府对社会资源的整合与供给、青年意识形态，以及政治制度有着很大关系，低于"30%"的阈值也并不意味着缺少"青年膨胀"的人口基础。何况上述大部分国家非常接近海因松标准，"青年膨胀"的压力并不小。三是"青年膨胀"的发生具有延迟性，青年人口比重在超过警戒阈值后，有可能需要一段时间的发酵才能产生实质性的社会影响。比如，伊朗年轻人比重在20世纪70年代急剧增长，在70年代后半期超过阈值，而伊朗1979年才发生伊斯兰革命。另外，"青年膨胀"的影响具有延续性，中东一些国家在2011年爆发"阿拉伯之春"后，

---

① 塞缪尔·亨廷顿著，周琪等译：《文明的冲突与世界秩序的重建》，北京：新华出版社，2010年版，第97页。

社会动乱和群体冲突一直在发生，直到当下仍未完全消解。

最后，青年人口在国别分布上也差异明显。从社会经济发展水平来看，发达国家青年人口仅为 2.20 亿，发展中国家则为 15.84 亿，后者占全球青年人口总量的 87.80%。并且，由于发达国家的人口出生率明显低于发展中国家，这一比例将会继续上升。然而，全球青年国际分布与全球财富的国际分布倒挂，缺少财富、教育机会和就业机会等资源的发展中国家的青年群体，倾向于破坏既有秩序来获得发展权利，这将增加"青年膨胀"的可能。这也是为什么那些具有青年人口优势的国家或地区很难将人口年龄结构优势转化为人口红利的重要原因。严峻的人口压力、落后的发展模式与科技水平、动荡不定的政治生态、相对落后的教育水平，使过多的青年人口往往首先成为消费因素而难以发展成生产因素，进而导致这些发展中国家激增的青年人口难以得到有效整合，无法产出人口红利。最直接的例子就是发展中国家的城市贫民窟现象。由于各类资源奇缺且严重集中在国内几个大城市，占青年人口多数的乡村青年主动迁移到大城市寻找机会，但他们中的多数并不能很好地在城市发展，由此而形成了大规模的贫民窟现象。被边缘化的年轻人很容易成为不安分子。比如，巴西里约热内卢有将近 200 万人生活在近 1000 个贫民窟里面，他们已经在此繁衍生活了几个世代，甚至形成了固定的城市贫民阶层和社区生活方式。犯罪率较高是贫民窟的重要特色，加入帮派、吸毒、从事违法犯罪活动成为无所事事的年轻人选择的生活方式之一。

此外，虽然其他地区青年人口比重离海因松标准还有一定差距，但由于存在大量青年人面临失业等问题，青年人口对社会发展和政治稳定的挑战仍不容小觑。比如，英国 2010 年青年人口比重仅为 17.72%，但"去工业化"战略使产业衰落，导致青年失业问题严重，最终诱发了 2011 年"伦敦之夏"的大规模骚乱。[①] 具体来看，在当时

[①] 刘海迅：《从失业青年膨胀解析英国工业萎缩》，载《中国青年研究》，2012 年第 10 期，第 8—13 页。

英国大约有 100 万年龄在 16 岁至 24 岁的年轻人失业，占该年龄段总人数的 20%以上。并且，这一比例是在很短时间内上升的，达到三年前的两倍，也是自 20 世纪 80 年代以来的最高点。因此，虽然骚乱由警方在追捕过程中开枪击毙黑人青年引起，但参加者却不仅仅局限于少数族裔人群，大量白人青年也参与到打砸抢烧的暴力事件中，宣泄他们的不满情绪。在骚乱中被捕的 3000 多人中，绝大多数是青年人。类似的情况不仅出现在英国，青年失业问题严重、社会贫富差距过大的国家大多会面临这一问题。在 2011 年 9 月的纽约，由几十个年轻人发起的抗议得到 70 多所大学的学生支持，并逐渐演化为全国性的"占领华尔街运动"，年轻人发挥了主力军的作用。在 2021 年，"纽约年轻共和党人"又发起了"重新占领华尔街"运动，得到年轻人的广泛支持。另外，法国"黄马甲运动"中也有大量充满不满情绪的年轻人。所以，"青年膨胀"虽呈现集中分布特征，但也是全球性议题。

表 4-6　2009 年和 2019 年东南亚、北非和中东部分国家青年人口比重

（单位:%）

年份	东帝汶	缅甸	柬埔寨	老挝	菲律宾	越南	也门	埃及	利比亚	阿尔及利亚	摩洛哥	突尼斯	沙特
2009	26.7	26.8	33.0	30.6	27.6	29.3	30.8	29.2	30.6	31.5	28.2	21.7	27.8
2019	30.3	26.2	27.9	28.9	27.6	23.1	30.3	25.1	24.5	22.4	24.4	28.5	22.4

年份	伊朗	伊拉克	科威特	阿联酋	阿曼	卡塔尔	巴林	土耳其	以色列	巴勒斯坦	叙利亚	黎巴嫩	约旦
2009	33.7	27.7	28.7	32.1	35.2	33.7	30.4	26.3	22.9	29.0	30.1	27.7	28.4
2019	22.1	28.2	16.2	26.2	26.9	29.4	24.6	24.0	21.7	29.4	27.2	25.9	27.7

注：2009 年是"茉莉花革命"的前一年，具有一定的参考价值。
资料来源：https：//www.populationpyramid.net/world/2019/。

二、"青年膨胀"的发生机制

"青年膨胀"和"人口红利"是一对相互冲突的概念，两者都以

大量少儿抚养人口向青年劳动人口输出为人口结构基础，但在不同的地区演化出不同的社会状态。那么，同样面对人口机会窗口，为什么会产生迥异的发展路径？进一步看，人口红利的出现往往具有偶然性，而"青年膨胀"则被众多研究认为具有某种程度的必然性：失业、贫困、激进且数量庞大的青年群体成为社会不稳定因素，并制约经济发展。这种破坏性影响在发展中国家尤为严重。在青年比重难以完全解释社会动乱的情况下，哪些因素可促成"青年膨胀"？另外，由于人口结构和社会发展阶段存在差异，"青年膨胀"也表现出不同的国别特征。那么，"青年膨胀"是否在全球范围内具有一定的规律？本节内容拟在对上述问题做出简单回答的基础上，探讨"青年膨胀"的发生机制。

（一）理论维度的"青年膨胀"发生机制

高比重的青年群体为什么会导致社会动乱，学界从如下三点进行了总结。一是生命周期假说。认为青年群体所属生命周期的阶段性特征使青年更容易参与动乱活动。比如，青年群体在自我意识当中对社会向好发展具有使命感，甚至渴望以自身努力对现实作出改变。青年开放的价值观更容易被新观念或激进思想所吸引，对传统权威的尊崇度较低，[1] 但对非传统领域或类型的青年意见领袖的尊崇度较高，容易被调动起来。同时，青年人通常对家庭和职业的责任更少，甚至被认为"在某种程度上完全没有约束"。这也就使得青年群体参与动乱的机会成本非常小，克服集体行动困境变得更加容易。总之，"青年"这一生命周期阶段，在价值观念和社会责任等主客观两个方面，赋予了青年群体不同于中年或老年群体的属性，使其成为"反抗、不稳定、改

---

[1] Henrik Urdal, "The Devil in the Demographics: The Effect of Youth Bulges on Domestic Armed Conflict, 1950－2000", https://documents1.worldbank.org/curated/en/794881468762933991 3/pdf/29740.pdf.

革和革命的主角"。① 另外，青年不仅是简单的年龄定义，同时也是指社会人生开启或者过渡阶段，其中包含着结束学校教育、寻找工作、独立生活、结婚生子、选举投票等人生转变的标志事件。这些事件应该以一定的顺序，在一个较短的时间内间隔发生。但是，这些人生重要事件的发生与否和发生顺序，很大程度上取决于机会结构。如果没有机会或者机会有限，青年人长时间只能经历一两个事件，而没有过渡到另一个事件，或者未能实现理想的过渡，他们便会产生明显的挫败感和不满情绪并引发政治暴力。

二是资源匮乏假说。大量的青年人口并不会自动成为影响社会稳定的不利因素。在运转良好的社会，大量青年人口往往意味着人口红利。东亚地区的现代化进程就在很大程度上被认为得益于人口红利。特别是中国，改革开放以来，中国经济社会长期保持高速且稳定的发展态势，被称为中国经济奇迹。虽然经济奇迹的根本原因是多种因素的结合，但学界通常认为大量少儿人口向青年劳动人口的转变进程发挥重要作用。一方面，抚养比快速下降提升了整个社会的储蓄率，为工业化提供了资本供给；② 另一方面，规模巨大且持续增加的劳动力为打造劳动密集型产业提供了保障。③ 但是，如果缺乏资源整合及充足的发展机会，青年群体超过了当地社会的承载和整合能力，就会导致青年发展所需资源供给困难，影响社会稳定发展。某一年龄段个体所享受的经济机会和社会财富往往与其群体规模成反比。因此，年轻群体激增会加剧资源相对匮乏。同时，资源的绝对匮乏也是存在的，如果出现青年群体比父母一代的规模大得多的情况，则可能产生供需失衡。然而，处在全方位社会化过渡阶段的年轻人由于自身掌握资源有限，

---

① 塞缪尔·亨廷顿著，周琪等译：《文明的冲突与世界秩序的重建》，北京：新华出版社，2010年版，第97页。
② 郭晗、任保平：《人口红利变化与中国经济发展方式转变》，载《当代财经》，2014年第3期，第5—13页。
③ 原新、高瑗：《改革开放以来的中国经济奇迹与人口红利》，载《人口研究》，2018年第6期，第3—14页。

是否能实现较大程度的自我发展很大程度上取决于他们所获机会的多少。因此，体量庞大的青年群体客观上对社会公平、教育和就业机会、政治参与等提出了更大需求。① 但通常情况下，这些需求囿于资源有限性和分配不公等难以得到有效满足，致使青年群体因面临失业、贫困、难以组建家庭等一系列生活压力而充斥强烈不满情绪，进而寻找一切可发泄的机会。② 总之，面向青年群体的教育资源、就业资源和政治参与资源匮乏是青年群体不满增多进而威胁社会稳定的重要原因。图4-5显示了在这些因素共同作用下，"青年膨胀"的发生机制。

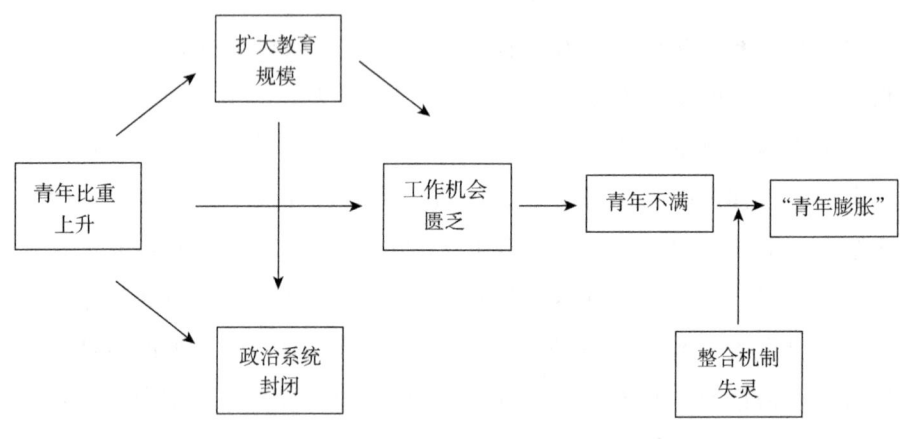

图 4-5　"青年膨胀"发生机制示意图

现实情况也证明了这一观点。因面向青年群体的资源存在相对和绝对两个层面的匮乏，导致青年用参与社会动乱的方式来表达不满。这不仅仅发生在中东、非洲、东南亚等相对落后地区，欧美等发达地区也在遭受青年比重与社会发展不协调的困扰。在2011年爆发的新一轮动乱周期中，如"阿拉伯之春""伦敦之夏""占领华尔街"运动，因缺少发展机会而愤怒的青年既被视为动乱发生的根源之一，也被看

---

① Jad Chaaban, "Youth and Development in the Arab Countries: The Need for a Different Approach", *Middle Eastern Studies*, Vol. 45, No. 1, 2009, pp. 33-55.

② Hannes Weber, "Age Structure and Political Violence: A Reassessment of the 'Youth Bulge' Hypothesis", *International Interactions*, Vol. 82, No. 1, 2019, pp. 80-112.

作动乱过程中最活跃、最暴力的分子。举例来看，突尼斯和埃及革命中，失业或就业不足的年轻人是上街游行示威的主力，年轻人就业不足也是"伦敦之夏"骚乱的重要原因。可见，年轻人在事实上已成为社会稳定的不利因素。"青年膨胀"在很大程度上挑战着社会稳定，这是不可回避的问题。

三是"青年性"假说。青年是身体生长发育、人生上升发展的重要人生阶段。这一阶段也被一些青年心理学家称为人生的"动荡期"，身体的成长、同一性的形塑会带来一种天然的向上向外的张力，他们渴望实现人生价值、获得社会地位与社会认可，蕴含着巨大的潜能。这种人生发展的张力促使青年感性思维、意见表达、社会交往与集体行动异常活跃，通过青年组织、公共媒体、亚文化、网络参与汇聚成巨大的社会力量——建设性的力量或破坏性的力量。与此同时，青年又处于世界观、价值观和人生观的不稳定阶段，容易受到意识形态或社会思潮的影响，并形成群体行动。这种群体的英雄主义和革命主义既可能带来社会变革的动力，也可能成为一个社会内部或者对外冲突的重要参与力量。青年面临着教育、技能、健康、婚恋、家庭、育儿等全方位的发展需求，而所能运用的资源又较为有限，因此，青年既是未来世界的建设者和接班人，又在一定程度上处于弱势地位，在结构暴力的社会场景中更容易受到剥削、剥夺和排斥。新生世代的这种上升的、外向的张力在特定的社会文化结构中，如果无法得到合理的引导和释放，一旦失控或被误导就会成为巨大的破坏性力量。因此，不同社会势力和社会思潮都把整合青年群体、争取青年认同、动员青年力量作为实现政治理想和利益诉求的现实途径。[①]

上述三种观点从不同的角度讨论了"青年膨胀"的发生机制，但也存在观点交叉的现象，比如都涉及青年发展的资源问题。这说明，发展资源有限是引发青年不满乃至爆发"青年膨胀"的关键因素。

---

① 朱峰：《青年性、暴力结构与青年膨胀》，载《中国青年研究》，2018年第2期，第30—37页。

（二）实证角度的"青年膨胀"

上述研究在理论维度上讨论了"青年膨胀"的发生机制。接下来，我们通过相关数据，从实证角度进一步分析"青年膨胀"的发生机制。

这些研究大体可以分成两类。一类是以某个国家或地区的经验进行案例分析或比较研究，尤其是2011年"阿拉伯之春"之后，该类型研究日益增多，主要关注由"青年膨胀"引发的社会和政治问题。比如，格雷厄姆·富勒指出，中东地区大量持续增长的青年群体会加剧已经存在的政治失衡，威胁政权安全。[1] 丹尼尔·拉格拉夫在剖析埃及青年人口暴增和普遍失业的现实基础上，将"青年膨胀"视为埃及动乱的重要原因。[2] 另一类研究是以定量方式考察青年比重与社会动乱的相关关系。亨里克·乌达尔系统研究了青年比重变化的社会动乱效应。他以发展水平、政权类型、经济机会、人口规模为控制变量设计了检验模型，以1950—2000年数据证实了高比重的青年群体增加了样本国家武装冲突的风险。他提出青年比重每增加1个百分点，冲突风险增加4个百分点以上。相关控制变量如经济发展水平、政权类型、人口规模和冲突历史在统计上的影响也是显著的。相比于政权类型，经济停滞更易引发"青年膨胀"；仅就政权类型而言，介于完全民主和完全独裁之间的政体更容易引发冲突。同时，他还对亨廷顿提出的"20%"阈值进行验证，结论是并不存在这样一个"临界水平"。[3] 在亨里克·乌达尔研究的基础上，学者们进行了更为细致的定量研究。比如，汉斯·韦伯利用1996—2015年183个国家或地区的数据，证明青年比重

---

[1] Graham E. Fuller, "The Youth Crisis in Middle Eastern Society", http://www.ispu.org/wp-content/uploads/2017/07/the-youth-crisis-in-middle-eastern-society-graham-fuller.pdf.

[2] Daniel LaGraffe, "The Youth Bulge in Egypt: An Intersection of Demographics, Security, and the Arab Spring", *Journal of Strategic Security*, Vol. 5, No. 2, 2012, pp. 65–80.

[3] Henrik Urdal, "The Devil in the Demographics: The Effect of Youth Bulges on Domestic Armed Conflict, 1950–2000", http://documentsi.worldbank.org/curated/en/794881468762939913/pdf/29740.pdf.

第四章 "青年膨胀"的政治效应

与政治暴力显著正相关，特别是在初等教育入学率较高的国家，大批年轻男性可能成为破坏力量，而完善的劳动力市场通常可以抑制"青年膨胀"的不利后果。[1] 奥默·亚伊尔和丹·米奥多尼克则证实较高比重的青年群体只会增加非种族冲突的可能，而对种族冲突的影响并不显著。[2] 穆罕默德·雷扎·法赞尼根和斯蒂芬·维特洪把腐败作为中介变量来探讨青年比重对政治稳定的影响，发现腐败对政治稳定的影响取决于青年比重，当青年比重超过20%时，腐败将成为不稳定因素。[3] 不过，也有部分学者证明，青年激增并不会增加内乱的可能性。[4]

1. 研究假设

根据前文对"青年膨胀"概念、机制和经验研究的分析，可提出待检验的主要理论假设：

H1：青年比重增加会加大社会动乱的可能性。

梳理既有研究发现，失业水平、教育水平、经济发展水平、城市化水平、腐败水平会对"青年膨胀"造成影响。具体影响机制如下。

（1）失业水平。青年比重较大被认为是造成青年失业的重要因素，戴维·兰和默里·莱布兰特利用154个国家或地区的数据验证了青年比重和青年失业率之间的强正相关关系。[5] 同时，青年失业又被认为是

---

[1] Tsegaye Tegenu, "The Youth Bulge, Rapid Urbanization and Political Violence: Understanding Egyptian Revolution", *Aigaforum*, 22 Feb 2011.

[2] Omer Yair and Dan Miodownik, "Youth Bulge and Civil War: Why a Country's Share of Young Adults Explains Only Non-Ethnic Wars", *Conflict Management and Peace Science*, Vol. 33, No. 1, 2016, pp. 25-44.

[3] Mohammad Reza Farzanegan and Stefan Witthuhn, "Corruption and Political Stability: Does the Youth Bulge Matter", *European Journal of Political Economy*, Vol. 49, No. 3, 2017, pp. 47-70.

[4] Moller H, "Youth as a Force in the Modern World", *Comparative Studies in Society and History*, Vol. 10, No. 3, 1968, pp. 237-260.

[5] David Lam and Murray Leibbrandt, "Youth Bulges and Youth Unemployment in Developing Countries", http://conference.iza.org/conference_files/worldb2014/lam_d5998.pdf.

社会稳定的主要威胁之一。[①] 奥塔韦、阿萨诸·卡约德和乔伊斯·斯温分别以阿拉伯国家、尼日利亚和喀麦隆为案例，证明了失业尤其是青年失业，是社会动乱和政治冲突的关键因素，甚至是决定性因素。另外，由相对失业产生的剥夺感也是造成人们采取政治暴力改变不利处境的重要原因。所以青年失业率与社会整体失业率的差距也可能是造成"青年膨胀"的重要推手。

（2）教育水平。由于研究切入点差异，现有对教育水平与社会动乱关系研究形成了两种相反路径。一方面，教育对社会动乱的消弭作用体现在如下三点：一是教育具有吸纳功能，较高教育水平能够减少青少年直接进入社会的比重；二是从教育成本出发，较高教育水平意味着较大的机会成本；三是教育可以通过为边缘群体传授技能、扩大就业机会和改善其社会地位来减轻动乱风险。另一方面，教育水平和期望值呈正比，以扩大教育机会应对青年群体增长，尤其是扩大高等教育机会，不仅会导致教育产出与劳动力市场形成巨大张力，使受过教育的失业青年成为不稳定因素，还因受过高等教育的青年易产生激进思想，对政治参与和个人权利有更大追求而影响政治稳定。比如，教育水平的提升被认为是"阿拉伯之春"的重要导火索。

（3）经济发展水平。经济发展水平是一个已被证实会显著影响社会稳定的变量，除了决定青年在社会动乱中的经济成本外，还在两个方面控制着社会稳定。一方面，经济水平与政府支出能力相关，良好的经济发展势头能够给予政府较强的回应公民需求的能力，降低动乱发生几率。另一方面，经济水平决定了青年就业机会和收入水平，经济衰退会导致青年收入下降甚至是广泛失业，使其倾向于参与动乱来发泄不满。

（4）城市化水平。在策加耶·特格努看来，青年过于集中是造成

[①] International Labour Organization,"Global Employment Trends 2012: Preventing a Deeper Jobs Crisis", https://www.ilo.org/global/publications/books/global-employment-trends/WCMS_171571/lang--en/index.htm.

社会动乱的直接因素。城市化能够使青年建立更好的沟通，也更容易被动员。与农村青年相比，城市青年更容易接触新的思想。城市化水平越高，城市动乱的风险就越大。低质量的城市化，尤其是大规模存在的贫民窟，也被视作社会动乱的重要原因。

（5）腐败水平。虽然部分学者认为腐败能够起到"润滑"作用，即在一定程度上减少功能失调的法规和低质量政府的负面影响，但从长远和根本看，腐败对社会稳定的负面影响非常巨大。腐败是对社会公平的巨大挑战，在经济和政治上采取封闭的招募和运行方式，对绝大多数青年是不友好的。另外，腐败也会对公共产品质量造成严重影响，激发不满。

根据上述分析，提出假设：

H2：青年相对失业对社会稳定的影响大于绝对失业。

H3：教育水平在"青年膨胀"中的作用呈"倒U型"趋势。

H4：资源匮乏是造成"青年膨胀"的重要原因。

另外，不同社会状态下的青年比重和社会动乱的关系也不尽相同，表现出明显的国别异质性。这一点可以从社会发展水平和政权类型两个角度予以考察。一个运行良好的社会能够提供青年发展所需要的各类资源，同时增加青年参与动乱的成本，具有减弱"青年膨胀"的效果。反之，社会运行不畅会加大"青年膨胀"风险。同时，不同的政权类型也表现出对青年比重差异化的调适能力。通常认为，民主水平越高意味着更多的政治参与、更成熟的政治体制和更高程度的政治认同，多元政治偏好能够在制度内得到更有效的表达和回应，权力能够通过合法方式获得且和平更替，进而降低内乱可能性。但从机会观点来看，较低的独裁程度会给予动乱更多的发生机会。同时，部分实证研究发现，政体的民主程度与社会动乱频次具有"倒U型"关系，完全民主政体和完全独裁政体的国家社会动乱较少。另外，民主化进程同时蕴含暴力加剧和暴力缓解的逻辑机制。根据上述分析，提出假设：

H5：不同社会发展阶段下的青年比重对社会稳定的影响存在差异。

H6：不同政权类型下的青年比重对社会稳定的影响存在差异。

如图4-5所示，结合以上分析，并综合考虑失业、教育、腐败、城市化、经济发展等因素对社会稳定的影响，以及不同社会发展阶段和政权类型的国别异质性，可以得到基本概念模型。

2. 研究设计

（1）样本选取

本研究依序设定了如下三个样本筛选条件：第一，删除人口总量低于百万的国家。这些人口小国的"青年膨胀"情况受制于人口基数而难以与人口大国同等评估，会对变量之间的统计规律造成较大干扰。第二，以被解释变量数据库为主，结合其他变量数据库，删除缺失值较为严重的国家。第三，为了增加样本可比性与真实性，删除统计数据与实际情况明显不符的样本，比如由于口径不同，世界银行对缅甸失业率的统计明显有别于其他国家，造成与事实不符的情况。最终确定122个样本国家，以2006—2016年（不含2007、2009年）作为"青年膨胀"样本区间。

（2）计量模型

本研究的目的在于考察青年比重对社会动乱的影响。依据前文可知，青年比重增加可能加剧社会动乱。此外，除了人口结构因素外，青年失业、人均国内生产总值、教育水平、城市化率等因素也会通过与青年比重的互动对社会动乱造成影响，需要予以考虑，避免遗漏变量产生内生性问题。因此，本文借鉴乌达尔和法勒扎内甘等人的思路建立如下模型来检验上述假设：

$$\text{Conflict} = \beta_0 + \beta_1 \text{SG-A} + \delta \text{CV}_{it} + u_i + u_t + \xi_{it}$$

其中，下标i、t分别表示国家和年份，u_i和u_t分别为国家固定效应和年份固定效应，ξ_{it}为服从正态分布的随机扰动项。模型的被解释变量为社会动乱（Conf），采用《国家风险国际指南》（ICRG）中的内部冲突（Internal Conflict）指标来衡量。该指标主要考察一个国家动乱以及对社会治理实际或潜在的影响，在0至12的取值范围内得分越高意味着社会内部冲突性越低。

青年比重（SG-A）为模型的核心解释变量。在对"青年膨胀"现象的传统研究中，通常使用青年人口（15—24岁）占全部人口的份额来表示青年比重，[①] 本文在主模型分析中，同样遵循此定义方式。数据来源于联合国人口司的《世界人口展望2019》，具体比重由笔者计算所得。

政权类型为调节变量，用《经济学人》的民主指数（Democ）表示。《经济学人》通过对六个维度——选举进程观察、多元主义的实施度、政府功能、政治参与度、民主政治文化和市民自由——的60多个指标的计算，对世界各国民主程度赋值。青年比重对社会稳定的影响在不同民主程度的国家里存在差异化影响路径。如此，本文以政权类型为调节变量，考察民主程度对"青年膨胀"的影响。

社会发展水平也是调节变量，用婴幼儿死亡率（IMR）表示。婴幼儿死亡率取决于物质生活水平、卫生保健水平、性别平等水平、教育水平等全方位条件，能够较好地反映一个国家社会发展水平，被广泛使用。婴幼儿死亡率数据来源于世界银行。

CV_{it} 为控制变量集，根据既有研究选取合适的变量代表指标。①失业水平，本文以青年失业率（Unemp-Y）和整体失业率（Unemp-A）共同考察失业对"青年膨胀"的影响；②教育水平，用高等教育入学率（EDU-H）表示，并加入其平方项；③经济发展水平，用人均国内生产总值（PGDP，以2000年不变美元计算）增速来表示，这也是相关文献中最常用的指代方式；④城市化率（Urban），用城镇人口占总人口比例来衡量；⑤腐败（Corrup），对腐败程度的衡量使用《国家风险国际指南》中的腐败指数，从0到6分别对应着腐败程度由最高到最低，该指数并非一个综合指数，主要关注公共部门的腐败程度。变量①—④的数据来源于世界银行。

[①] 塞缪尔·亨廷顿著,周琪等译：《文明的冲突与世界秩序的重建》,北京:新华出版社,2010年版,第97页。

（3）描述性统计

表4-7报告了主要变量的描述性统计。数据显示，全样本的内部冲突均值为8.99，略低于法勒扎内甘等的9.58，差距主要源于样本时间跨度不同，世界范围内的社会冲突处于加速发展趋势。青年比重的标准差为3.55，说明不同国家的青年比重有较大差异，这可能会影响社会冲突的发生概率。

表4-7 主要变量的描述性统计

变量名	样本数	均值	标准差	最小值	最大值	变量名	样本数	均值	标准差	最小值	最大值
Conf	1098	8.99	1.53	3.00	12.00	Democ	1098	5.81	2.13	0.86	9.93
SG-A	1098	16.83	3.55	9.20	24.80	Urban	1098	61.82	21.18	12.98	100.00
Unemp-Y	1098	16.29	11.37	0.47	58.00	EDU-H	744	45.05	28.11	0.51	131.54
Unemp-A	1071	7.37	5.07	0.15	28.34	PGDP	1079	2.26	5.63	-62.38	121.78
Corrup	1098	2.66	1.30	0.00	9.63	IMR	1098	24.09	23.44	1.90	121.60

3. 实证检验与分析

（1）差异性检验

将青年比重按大小分成三组，表4-8报告的差异性检验结果显示，低青年比重组的冲突均值和中位数均高于高青年比重组，且均值T和中位数Z检验都呈现显著状态，说明青年比重越低，社会稳定性越高，初步支持了前文所提出的主要假设。

表4-8 社会稳定按青年比重分组后的差异检验

变量	低青年比重 样本量	低青年比重 均值	低青年比重 中位数	高青年比重 样本量	高青年比重 均值	高青年比重 中位数	均值T检验	中位数Z检验
Conf	366.00	9.96	10.00	367	8.42	8.50	15.3782***	13.312***

注：*** 表示1%的显著水平。

（2）相关性分析

为了进行回归分析，需要检验解释变量、控制变量与被解释变量之间是否存在相关性,而解释变量和控制变量之间是否不存在多重共线性。相关性分析结果见表4-9。

表4-9 主要变量皮尔逊相关系数

	Conf	SG-A	Corrup	Unemp-Y	Unemp-A	EDU-H	Urban	PGDP
Conf	1							
SG-A	-0.427**	1						
Corrup	0.435**	-0.520**	1					
Unemp-Y	0.002	-0.157**	-0.044	1				
Unemp-A	0.055	-0.084**	-0.048	0.831**	1			
EDU-H	0.462**	-0.780**	0.545**	0.271**	0.258**	1		
Urban	0.325**	-0.497**	0.454**	0.137**	0.155**	0.667**	1	
PGDP	0.059	0.065*	-0.030	-0.098**	-0.087**	-0.118**	-0.108**	1

注:*表示10%的显著水平;**表示5%的显著水平。

从表4-9可以看出,青年比重和社会动乱之间显著相关,说明解释变量与被解释变量之间存在相关性。虽然解释变量和控制变量之间、控制变量彼此之间存在一定的相关性,但绝大多数相关系数小于0.6,说明不存在严重的多重共线性,可以进行多元回归分析。

(3) 回归结果分析

利用STATA 14.0分别对模型①—⑧进行固定效应的多元面板回归分析,回归结果见表4-10。模型①采用不加入其他控制变量的计量模型,回归结果表明青年比重变量估计系数显著为负。模型②和③加入教育发展水平变量(高等教育入学率及其平方项),考察社会动乱与教育发展水平的关系。模型④加入其它一系列控制变量形成本研究的基准模型,在控制其它因素的情况下检验青年人口比重对社会冲突的影响是否稳健。模型⑤为比较相对失业率和绝对失业率的效应,在基准模型上去掉社会整体失业率这一变量。模型⑥、⑦、⑧分别加入交互项青年失业×教育、青年比重×民主、青年比重×死亡,考察不同资源条件、国家类型、发展阶段的具体影响程度。

表 4-10　固定效应模型估计结果

变量	①	②	③	④	⑤	⑥	⑦	⑧
SG-A	-0.201*** (-17.39)	-0.112*** (-5.21)	-0.102*** (-4.70)	-0.075*** (-3.49)	-0.074*** (-3.37)	-0.081*** (-3.68)	-0.106*** (-4.56)	-0.031 (-1.40)
Unemp-Y				-0.020*** (-2.58)	-0.008* (-1.72)	0.002 (0.23)	-0.014* (-1.72)	-0.022*** (-2.70)
Unemp-A				0.042** (2.43)		0.039** (2.06)	0.024 (1.31)	0.033* (1.83)
Corrup				0.272*** (5.19)	0.297*** (5.60)	0.125** (2.02)	0.185*** (3.20)	0.183*** (3.00)
Urban				0.006* (1.76)	0.006* (1.76)	0.007** (2.11)	0.007** (2.25)	0.000 (0.10)
PGDP				0.050*** (3.30)	0.042*** (2.79)	0.040*** (2.630)	0.042*** (2.76)	0.036** (2.39)
EDU-H		0.015*** (5.50)	0.345*** (5.40)	0.010*** (3.26)	0.011*** (3.45)	0.014*** (3.700)	0.001** (2.27)	0.002 (0.50)
EDU-H^2			-0.001*** (-3.37)					
Democ						0.117*** (0.036)		0.103*** (2.88)
Unemp-Y× EDU-H						-0.001*** (0.001)		
Democ×SG							0.007*** (3.40)	
IMR×SG								-0.001*** (-5.36)

续表

变量	①	②	③	④	⑤	⑥	⑦	⑧
年份/国家	YES	YES	YES	YES	YES	YES	YES	YES
R^2	0.2370	0.2700	0.2801	0.3198	0.3191	0.3433	0.3213	0.3477
F	114.56	69.71	69.71	37.25	43.94	33.79	35.08	35.99
N	1098	1098	1098	723	734	723	723	723

注：* 表示10%的显著水平；** 表示5%的显著水平；*** 表示1%的显著水平。

具体来看，青年比重对社会动乱的直接影响在符号、大小和显著性上都十分可靠。从数量关系看，青年比重系数每提高1%，会使社会稳定度下降0.075%。这一结果验证了假设H1，即青年比重增加会加大社会动乱的可能性。在控制变量中，青年失业和腐败与社会动乱显著正相关，人均国内生产总值增速与社会动乱显著负相关，与已有文献检验结果相吻合。不过，城市化率与社会动乱呈负相关关系，且显著性不强，与部分既有研究结果相左，但也支持了城市化能够提供大量的经济机会和公共物品从而促进社会稳定的观点。另外，结合模型②和③来看，教育发展水平的一次项估计系数显著为正且较大，二次项估计系数显著为负但较小，说明社会冲突在教育发展水平提升的初期明显减少，但当教育发展水平达到一定阶段时，社会冲突有所提升。这一回归结果证实了本文研究假设H3，即教育发展水平在"青年膨胀"过程中的作用呈不规则的"倒U型"趋势。

结合模型④和⑤来看，模型⑤中青年失业对社会动乱的直接影响在估计系数和显著性上都弱于基准模型④，且在基准模型④中青年失业与社会动乱呈正相关关系，整体失业与社会动乱呈负相关关系，说明青年群体的绝对失业并不能很好地解释"青年膨胀"这个社会现象，而由相对失业所产生的相对不公平感或相对剥夺感才是"青年膨胀"的主要诱因，本文研究假设H2得到验证。

通过模型⑥可以发现，青年失业对社会稳定的直接影响为显著负相关，教育水平为显著正相关，且交互项教育×青年失业为显著负相关，这说明受教育机会和就业机会对青年是否参与社会动乱至关重要，即验证了假设 H5。

通过模型⑦可以发现，交互项青年比重×民主估计系数显著为正，说明相对于较低水平的民主政权，在青年比重一定时，较高水平的民主政权有利于社会稳定，即验证了假设 H7。

通过模型⑧可知，交互项婴幼儿死亡率×青年比重估计系数显著为负，说明在一定的社会发展阶段，青年比重越大越不利于社会稳定，即验证了假设 H6。

（4）稳健性检验

考虑到本研究所涉及变量指标的多样性和统计口径的差异，回归结果有可能仅在所选指标上存在意义。因此，选择指标替换的方式进行稳健性检验。

第一，对主解释变量进行替换。采用 15—24 岁青年人口占 15 岁以上人口的比重（SG-M）作为前文青年比重的代替变量，这个替代性的青年比重计算方式得到了严格的审查。并且，为了保证稳健性检验的准确性，代替性指标数据来源变更为人口估计数据库（Population-Estimates）。第二，稳健性检验模型③将教育发展水平变量更换为公共教育支出占政府支出的比例（EDU-S），数据来源于世界银行。政府支出是教育尤其是基础性教育的关键保障，用教育支出占比可以在一定程度上衡量教育发展水平，且能够缓解高等教育入学率指标局限在仅度量高等教育水平的问题。第三，稳健性检验模型④考虑到相对失业率对"青年膨胀"的影响尤为显著，故在"青年失业率"和"整体失业率"两个变量的基础上计算出"失业率倍数"（青年失业率/整体失业率）（Multiple），替换前述两个变量。第四，稳健性检验模型⑤用样本国家国内生产总值（GDP）增速替换人均国内生产总值增速，数据来源于世界银行。虽然两者在落脚点上存在差异，但都能较好代表经济发展水平。第五，稳健性检验模型⑥用城市化增长率（Urban-G）代替城市化率，前者更侧重于体现城市化发展进程而非结果，在"青年膨胀"

背景下具有一定意义。城市化增长率由历年城市化率计算而得。

表 4-11　全样本稳健性检验

变量	①	②	③	④	⑤	⑥	⑦
SG-M	-0.089***	-0.056***	-0.101***	0.052***	-0.059***	-0.619***	-0.074***
	(-19.15)	(-5.30)	(-17.45)	(-4.88)	(-5.48)	(-5.69)	(-8.77)
Corrup		0.269***		0.283***	0.259***	0.271***	0.295
		(5.28)		(5.65)	(5.10)	(5.46)	
Unemp-Y		-0.026***			-0.267***	-0.026***	
		(-3.27)			(-3.38)	(-3.35)	
Unemp-A		0.050***			0.052***	0.049***	
		(2.89)			(2.97)	(2.87)	
Multiple				-0.000			-0.000
				(-1.05)			(-0.96)
Urban		0.002		0.003	0.001		
		(0.75)		(0.88)	(0.19)		
Urban-G						0.117	-0.017
						(1.61)	(-0.22)
PGDP		0.043***		0.047***		0.043***	
		(2.89)		(3.17)		(2.95)	
GDP					0.027*		0.002
					(1.88)		(0.17)
EDU-H		0.005		0.005	0.006*	0.006**	
		(1.56)		(1.50)	(1.96)	(2.02)	
EDU-S			0.124***				0.030***
			(2.60)				(2.78)
EDU-S²			0.003*				
			(-1.86)				
年份/国家	YES	YES	YES	YES	YES	YES	YES
R2	0.2726	0.3344	0.3329	0.3254	0.3300	0.3368	0.3693
F	136.64	39.81	65.88	43.05	39.02	40.18	41.13
N	1,098	723	666	723	723	722	642

注：*表示10%的显著水平；**表示5%的显著水平；***表示1%的显著水平。

对比表 4-10 列④和表 4-11 列②可发现，SG-M 的估计系数

(-0.056)比 SG-A（-0.075）小，这和相同的青年群体增减所引发的 15—24 岁青年占 15 岁以上人口比重变化要大于青年总人口比重变化相契合。不过，青年比重变量的估计系数符号没有变化，且高度显著。另外，上述其他变量更替方式也并未使青年比重变量的估计系数符号和显著性产生变化，且系数估计值相对稳定。这说明本研究的主要假设没有发生变化，前述结论稳健。

（三）小结与讨论

本节内容从多个角度来认识"青年膨胀"的发生机制。研究发现，青年群体的生命周期属性及比重是发生"青年膨胀"的重要因素。在很多情况下，面向青年群体的资源是否与青年结构性需求匹配，往往对是否发生"青年膨胀"起到关键作用。这也是"青年膨胀"现象在一定程度上突破人口结构限制，在世界范围内都有所表现的重要原因。另外，本节采用 2006—2016 年（不含 2007、2009 年）122 个样本国家面板数据，对"青年膨胀"的发生机制和规律作了系统考察。研究发现，青年比重增加会显著地增加社会动乱的风险，青年比重系数每提高 1%，社会稳定度下降 0.075%。本节对控制和调节变量的分析也得到比较有价值的发现。对于"青年膨胀"而言，青年相对失业的影响要大于绝对失业，教育发展水平的影响呈"倒 U 型"趋势，资源匮乏是造成"青年膨胀"的重要原因。即便在对主解释变量和若干控制变量进行替换后，上述结论依然稳健。通过对"青年膨胀"不同国别和社会阶段的异质性分析发现，相对于较低水平的民主政权，在青年比重一定时，较高水平的民主政权有利于社会稳定，在一定的社会发展阶段，青年比重越大，越不利于社会稳定。

三、"青年膨胀"政治效应的类型与案例

当面向青年群体的教育、就业、住房和政治参与等资源不充分或不平衡时，因失业、贫困、被代表或被边缘化，甚至不能实现人生过

渡，充满抱怨情绪的青年群体易成为影响社会稳定的因素。在世界范围内大体存在四种类型的"青年膨胀"，其对政治系统的影响方式、影响路径、影响程度与影响结果不尽相同。本节以四种类型"青年膨胀"的典型案例为载体，以不同类型的演化机制为主线，在上节理论框架下具体分析四种类型的"青年膨胀"为何发生，以及如何对政治系统造成影响。

（一）攫取国家权力的武装叛乱

在贫困、长期动乱或者有着叛乱传统的国家或地区，"青年膨胀"的主要表现形式是引发或支撑内战。内战的核心是以战争的方式争夺国家权力或分裂国家，而非以温和的政治协商和政治对话来解决问题、达成共识。因此，作为暴力最高形态的战争对于一国政治稳定的破坏是灾难性的，甚至是颠覆性的，其破坏性远超其他动乱形态。即便是局部小规模内战，也会对经济社会发展和人民生命财产造成巨大损失，更会对既有政治秩序、规则、制度造成根本挑战，甚至导致政治、法律和社会秩序崩溃，使全方位的对抗与冲突取代合作与信任。本节以索马里为样本，分析在贫困、长期战乱、有着叛乱传统的国家，高比重青年群体如何诱发内战或加剧内战强度，并整体性地破坏政治稳定。

在落后且动荡的地区，青年群体并不一定具有明确的国家权力意识和强烈的政治权利追求。但大量贫困、没有前途、选择不多的青年，为具有国家权力欲望的个人或组织招募武装人员提供了便利条件，为内战爆发、持续和升级提供了人口基础。2020年，索马里青年群体人口规模约为451.21万人，占总人口比重为28.39%，不仅绝对数量比内战爆发前的1985年增加了273.12万人，比重也高出近2个百分点。1991年，西亚德政权倒台后，索马里在很长时间内处于军阀武装割据的无政府状态，即使在非盟和西方国家的支持下成立了中央政府，但政府效能十分有限。同时，持续军阀混战导致经济全面崩溃，人均日收入不足1美元，贫困率超过80%，可以说是全球最贫困的地区之一。

索马里几乎不存在制造业和工业部门的经济现实，使得青年的工作选择无外乎三种：当民兵，拿着每月几百美元的薪水；当农民，非常辛苦但收入不足民兵的一半；当海盗，每次成功劫掠后可获得七千到七万英镑不等的赎金，但不确定性非常大，且在联合国的打击下逐渐丧失行动空间。因此，对于绝大多数童年时代充满苦难、深感自己被边缘化和被忽视、在生活中看不到希望和机遇的索马里青年而言，加入叛军成了不得已的选择。正如一位在暴恐活动中被捕的索马里青年供述："我当初就想挣点钱，买几件新衣服，索马里青年党答应满足我的要求，还答应给我女人，让我和她们结婚，只要我加入他们就行了。"严峻的经济环境大大降低了青年群体参与武装叛乱的机会成本，降低了叛军队伍招募青年的难度。以当下索马里最活跃的反政府武装组织索马里青年党为例，索马里青年党前身为伊斯兰法院联盟（ICU）的武装分支，于2006年正式成立，是一支奉行伊斯兰极端主义的反政府武装，具有一系列明确的政治纲领，核心纲领为推翻索马里联邦过渡政府。索马里青年党在短时间内迅速发展壮大，很快就拥兵近万人，仅在成立一年后就占领了索马里中部和南部地区，甚至在2010年年底控制了首都摩加迪沙的大部分街区。且在多方联合打击下仍然难以根除，暴恐活动依旧猖獗。索马里青年党能够"发展壮大"的一个重要原因，就是能够招募到规模庞大的索马里青年，使其有源源不断的新生力量补充，从而屡剿不灭。2012年，索马里青年党正式加入"基地"组织，彻底成为恐怖组织。

教育落后会降低青年群体明辨是非的能力，使其在观念上易受蛊惑。对于类似索马里的诸多地区来说，大量青年人口使本就因经济落后而匮乏的教育资源进一步被稀释，青年文盲现象普遍。相关研究表明，一个青年人口众多但绝大多数年轻人的文化水平较低的国家或地区容易发生武装斗争，因为如此低的知识水平使这些年轻人更容易受到简单的意识形态和具有超凡魅力的领袖的影响，从而使政治动员更加容易。① 连年内战造成索马里社会教育体系崩溃，学校几乎全部关闭，文盲率剧增。目前，索马里青年文盲率高达76%，在某种程度上意味着绝大多数乡村青年都不识字，这就为恐怖组织利用宗教在乡村地区大量吸收青年参加武装叛乱提供了条件。据被捕的年轻恐怖分子交代，他们当中很大一部分青年出于"信仰"而参加叛乱，但同时他们也承认，由于文化程度太低，他们根本看不懂包括宗教典籍在内的任何图书。事实上，恐怖组织也并不打算让他们看懂，因为这样才能以对"信仰"的解释把索马里政府描绘成异教徒，实现对年轻人的控制。总之，源源不断的新生力量是促成索马里内战持续升级的重要原因之一。

如今，索马里内战已经持续36年之久，已造成超过50万人丧生，而受伤及流离失所者难以计数。虽然在2012年成立了中央联邦政府，但索马里在实质上仍处于国家分裂和武装冲突状态。在中央政府控制区，也存在着索马里青年党的恐怖袭击频繁、缺少法律约束、社会治安极差的情况。首都甚至发生政府军与难民争抢粮食并开枪打死难民的事件。其政治失能可见一斑。

虽然索马里内战有着复杂的背景，但也不失为高强度"青年膨胀"的代表性样本。在落后地区，大规模的青年群体文化程度低、收入少、生活悲惨，他们受鼓动或主动参加武装叛军以对抗政府、改善生活。比如，始于1983年并持续20多年的斯里兰卡猛虎组织武装叛乱、持续半个多世纪并多次发生武装冲突的缅甸克钦人独立运动、2020年年底埃塞俄比亚爆发内战等，虽然爆发因素多种多样，但"青年潮"为内战的爆发、持续和升级提供了人口基础的事实是相同的。

（二）推翻既有政权以实现政治转型

在经济社会发展尚可但政治系统比较封闭的地区，政治权利由某

---

① Omer Yaira and Dan Miodownik, "Youth Bulge and Civil War: Why a Country's Share of Young Adults Explains Only Non-Ethnic Wars", *Conflict Management and Peace Science*, Vol. 33, No. 1, 2016, pp. 25-44.

一群体独享往往是阻碍青年发展的关键因素。因此，"青年膨胀"在这些地区的主要表现方式是以政治运动争取青年政治权利，乃至推翻现有政权实现权力再分配。一般而言，政治转型的过程并非都是温和的，青年推翻现有政权的意图和当权者维护统治的决心之间的碰撞，往往伴有流血冲突。并且，通过激进的政治运动实现的政治转型，特别是在照搬西方民主模式而忽视本国历史传统文化、民众政治观念及族群的人口构成等现实条件的情况下，并不能有效地终止冲突，反而会因权力的分配与争夺使政治冲突不断延续。2011年开始在中东地区蔓延的"阿拉伯之春"，就是"青年膨胀"表现为推翻既有政权以实现政治转型的典型案例。本节以埃及为样本分析高比重的青年群体发起推翻现有政权的政治运动，并导致延续性政治动荡的原因。

与索马里等动荡或极度贫困地区不同，埃及政府高度重视教育。发展教育本是政府履行职责的应有之义，也可以在提升国民素质的过程中提高青年群体的谋生能力。因而，扩大教育一度被包括埃及在内的众多阿拉伯国家视为应对统治危机的重要手段。[①] 但是，如果教育未能与经济社会协同发展，一味扩大规模和提升层次反而会成为"青年膨胀"的导火索。归纳起来，存在三种机制使教育产生负面影响。

一是政治腐败导致教育质量和教育公平性严重下降。埃及虽然重视教育，在穆巴拉克时代就已经尝试推行免费教育制度，大力发展高等教育和职业教育，积极推进教育体制改革。但教育资源分配却与政府政策目标背道而驰。相关研究表明，埃及青少年的受教育权与社会地位和家庭背景高度相关。一般家庭的孩子只能上普通公立学校，成绩优良率仅为9%，远低于需要支付高额学费的公立实验学校，后者的成绩优良率超过50%。另外，缺少教育机会或中途辍学的情况也多发

[①] Graham E. Fuller, "The Youth Crisis in Middle Eastern Society", http://www.ispu.org/wp-content/uploads/2017/07/the-youth-crisis-in-middle-eastern-society-graham-fuller.pdf.

生在农村等青年人口集中的地区。[1] 教育不公很大程度上加剧了阶层固化的作用，制约着普通青年的发展。

二是教育结构与社会经济发展结构不匹配，结构性就业困难激起青年严重不满。相对而言，埃及的教育是相对发达的，特别是高等教育，20世纪80年代中后期就发展到大众化阶段。不过高等教育的专业结构不够合理，"工弱文强"现象突出。比如，1996年埃及高等院校艺术及人文学科专业学生人数约为11.76万人，到2007年增长到23.8万人，增长了约102%；伊斯兰和阿拉伯学研究专业人数从3.44万人增加至10.62万人左右，增长率达到了209%；商科专业从19.2万人增加至46.26万人，增长了约141%。与此相对应的则是较低的经济水平、较为单一的产业结构难以吸纳过剩的社会科学专业毕业生，这一状况不利于解决就业问题。[2] 市场需求与教育产出之间存在巨大差距，出现了教育水平和就业倒挂的情况。据新华社报道，截至2008年年底，埃及15—19岁、20—24岁、25—29岁年龄段的失业率分别为18.4%、22%和51.1%，其中，高中毕业生失业率高达55%，大学毕业生失业率为31.7%，而埃及整体失业率仅为8.7%。严峻的就业问题再加上与教育水平倒挂的问题，成为青年不满的重要动因和社会稳定的破坏因素。

三是教育所产生的政治权利意识和平等观念，与封闭的政治体制相冲突。一方面，埃及新生代青年群体有着较高的政治参与意识和政治诉求，尤其是受过高等教育且熟练使用社交媒体的年轻人，他们意识形态多元，在接受新知识和新观念时趋向西方化，追求西式民主并积极参与政治活动，以期对现实作出改变。他们身上体现着与其父辈截然不同的政治观念、选择和理想，与官方结构的一致性较弱。另一

---

[1] Institute of National Planning, "Egypt Human Development Report 2010: Youth in Egypt: Building our Future", Cairo, 2010.
[2] 陈天社、胡睿智：《穆巴拉克时期埃及就业困境及其成因：兼论当前埃及就业问题的解决途径》，载《阿拉伯世界研究》，2020年第6期，第124—139页。

方面，由于政治体制相对封闭，年轻人政治参与和政治表达的途径非常狭窄且多沦为当权者获取合法性的工具。埃及总统穆巴拉克执政30年的威权体制早已出现比较明显的衰败迹象，政治权力长期掌握在少数几个人手中，导致埃及政治体系吸纳能力严重不足。因此，那些在互联网时代成长起来、受过教育、拥有较为强烈政治诉求的青年，自然把穆巴拉克长达30年的统治视为阻碍社会变革和民主化转型的最大障碍，从而把斗争矛头直接指向当权者。

2010年埃及青年群体的人口规模为2400万，占总人口比重达28.96%，是导致供需失衡的重要因素。同时，日益增加的青年人口不断挤压稀缺资源，进一步恶化失衡格局。那么，在社会地位低下、经济困难、缺少就业机会和政治参与途径、拥有民主追求的青年群体当中，自然会滋生出对当局的不满情绪。[1] 尤其是在青年将自身不幸遭遇归咎于政治制度落后、腐败、独裁和资源分配因政治控制而不公平的情况下，推翻现有政权也就成了"青年膨胀"的发展路径。因此，即便存在《紧急状态法》这样限制政治活动的法律，也并未断绝埃及新生代青年的政治行动。比如，2008年4月6日发生了以青年群体为主的、响应玛哈拉镇工人罢工的街头游行，并逐渐演化为旨在推翻穆巴拉克政权的政治运动。短时间内，组织者就通过脸书（Facebook）号召了七万多名年轻人到场支持。虽然这场运动被当局镇压，但青年群体的不满情绪进一步加剧，他们在等待下一个爆发点的到来。而这个爆发点就是三年后的突尼斯"茉莉花革命"。受其影响，埃及很快卷入中东变局的洪流中。2011年1月25日，首都开罗爆发了以青年为主体的、要求总统穆巴拉克下台并进行政治改革的反政府示威游行，短时间内迅速蔓延至全国。虽然在国内外多重压力下，埃及反政府运动以穆巴拉克下台、议会解散、军方接管政权告一段落，但政治动荡、权力争夺却并未停止。在民选上台的穆尔西政府执政的一年多时间里，

---

[1] Daniel LaGraffe, "The Youth Bulge in Egypt: An Intersection of Demographics, Security, and the Arab Spring", *Journal of Strategic Security*, Vol. 5, No. 2, 2012, pp. 65-80.

埃及爆发了7400多次民众抗议。后来，穆尔西被军方解除职务并遭羁押，进一步加剧了埃及国内的对抗和冲突。

对于埃及这场具有"颜色革命"性质的群众运动，外界给予了多种代称。其中一个叫作"青年革命"，这源于这场街头政治运动的一个显著特征，即革命发起者和革命主力军，不是成熟的政治势力，而是埃及的青年。不过，埃及青年自行发动政治运动的根本出发点是推翻政府，没有明确的政治纲领，也就意味着他们难以作为一种稳定且持续的政治力量参与后续的政治转型，"破而不立"成为显著特征。正因如此，类似埃及的政治转型虽可以消解旧的政治权威，却不易建立新的政治权威。各种政治势力围绕政治转型主导权的争夺，使民众仍然不信任新的政府，不利于形成推动政治转型制度化发展的凝聚力和号召力。更严重的是，由"青年膨胀"引发的具有暴力性和激进性的政治转型，容易形成转型手段上的路径依赖，即通过街头暴动得到的一定成果，会强化人们把街头运动当做表达诉求、发泄不满和争取权利的主要方式的心理。然而，这种方式不仅加剧政治动荡、社会无序化和极端化，也消解政治共识、恶化派别冲突，使不同力量之间的政治对话与和解变得更为困难，政治转型难以取得预期效果。[①] 从现实的发展来看，"阿拉伯之春"并未给中东地区带来"春天"，"革命"虽然激起了种种希望，但几乎什么都没有实现，反而产生了长达十年的动荡与不安。

（三）被边缘化人群的违法犯罪

世界上存在这样一些国家或地区，经济社会整体发展势头和发展潜力都较好，国民生活质量相对较高，然而由于存在比较激进的城市化进程，使得城市化质量不高，新自由主义经济制度导致社会阶层高度分化且固化，中央政府漠视平民权利且不作为，基层权力真空等问

---

① 王林聪：《埃及政治转型的困境和出路》，载《当代世界》，2013年第11期，第35—38页。

题，出现了很大一部分被主流社会边缘化的人群。他们由于支付不起高昂的房租而只能选择居住在城市周边的贫民窟，乃至形成了独立发展的社区。在贫民窟里，几乎没有或很少有由政府提供的公共服务、安全和秩序，但这并不意味着贫民窟处在完全失序的状态，而是有其他力量代替政府制定社会规则和生活方式，比如黑帮。通常情况下，具有过渡属性的贫民窟会随着经济社会的发展而逐渐消失，然而贫民窟在很多发展中国家被长期保留了下来。一个重要原因是贫民窟具有强大的阶层固化作用。生活在贫民窟的家庭没有能力让子女接受良好教育，通常只是在低质的贫民窟学校上完小学。而恶劣的社会环境，比如黑帮文化的浸染，则具有显著的"坠化"作用。贫民窟居民的身份也被一代一代继承下去。对于生活在贫民窟的青年来说，小学或更低的文化水平使其难以有效融入贫民窟以外的主流社会。从事毒品和枪支交易、绑架、刺杀等违法犯罪活动，成为这些被边缘化青年谋生的重要途径，也是这些地区"青年膨胀"的主要表现形式。巴西有世界上最典型的贫民窟现象，以及由贫民窟滋生的犯罪文化，可作为研究被边缘化人群"青年膨胀"的样本。

巴西是新兴经济体，城市化率85%以上，比一些发达国家还要高。然而，巴西一直存在"过度城市化"或"虚假城市化"的争议，即城市化率虽高但城市化质量不高。由于大量人口集中在几个主要大城市，人口高度城市化但缺乏城市就业的支撑，那些未能很好地融入城市生活的贫困人口只能居住在城市周边简陋的房子里。根据巴西官方定义，有50户以上居户聚集、房屋为无序自行建造、土地所有权为他人或公共区域且没有必要卫生设施的居住区为贫民窟。巴西全国大概有300万户家庭居住在各大城市的贫民窟中，约为全部人口的十分之一。巴西贫民窟之所以能够演化出被边缘化人群从事违法犯罪活动这种类型的"青年膨胀"，有如下两个原因。

第一，巴西贫民窟有着典型的"青年膨胀"人口基础。比较而言，巴西是一个生育率很低的国家，2010年前后出生率为15‰，总和生育率为1.8，低于保持人口平衡的水最低平。这侧面印证了巴西并非一个落后的国家，只不过由于生活、收入、工作和教育维度上的巨大差异，贫民窟的生育率远高于在市区生活的人。据联合国人口基金的相关统计，2015年巴西20%最贫穷和20%最富有女性的总和生育率分别为2.9和0.77。接受教育5—8年的女性平均生育3个孩子，而受教育时间超过12年的女性平均生育1.18个孩子，前者以生活在贫民窟的女性为主。因此，巴西贫民窟有着大量的青年，其比重远高于巴西整体26%的青年比重，具备发生"青年膨胀"的基础。

第二，大片的城市贫民窟难以得到有效监管，较易成为繁华城市下的"法外之地"，警察暴力、与毒品有关的犯罪、抢劫、枪杀和家庭暴力等现象屡禁不止。在没有其他生活出路的情况下，从事犯罪活动就成为这些被边缘化的青年的一种选择，且并不存在太多的道德阻力。

贫民窟暴力犯罪现象并非巴西独有，也不仅存在于发展中国家。发达国家，如美国，同样存在较大规模且治安环境恶劣的"穷人区"。犯罪式的"青年膨胀"和其他三个类型相比，其显著特征之一是较少涉及国家政治权力和个人政治权利，而是由于个人发展前景渺茫，青年期待通过高风险高收益的违法犯罪活动突破社会发展所形成的束缚和壁垒。虽然犯罪式的"青年膨胀"并不明确涉及政治，但对政治系统的影响同样存在。混乱不堪的社会治安及警察暴力执法往往会严重影响民众对政府的满意度。

（四）伴有暴力事件的抗议游行

在欧美等早已完成人口转变进程的地区，虽然青年比重较低，但仍然存在爆发"青年膨胀"的空间，主要表现形式是社会影响强度较低的抗议游行。虽然抗议游行在西方国家是一种常规的政治参与方式和政治表达途径，是政治输入的重要信息来源，但"青年膨胀"状态下的抗议游行有时伴随打砸抢烧等暴力违法行为。这就不仅会破坏社会治安、造成财产损失，还会削弱政府公信力、降低政策的公共性，甚至给民粹主义以可乘之机，加剧社会极化现象和群体对立情绪，最终反映到政治系统，降低西式民主政治效能。

分配不公和就业不充分是青年比重低的国家发生"青年膨胀"的主要原因。以"青年膨胀"现象较为突出的美、英、法为例，三国在2010年的青年比重分别为20.94%、19.16%和17.72%，距离"青年膨胀"爆发的比重阈值还有较大差距。但三国在2011年新一轮周期内，都不同程度地爆发了以青年为主体的社会骚乱。

虽然这些发达国家发生社会骚乱的原因与多种因素有关，但直接原因是青年群体的相对处境不理想。2008年，始于美国的次贷危机迅速席卷全球。在这一轮全球金融危机中，美、英、法三国陷入经济衰退，且在很长时间内没有得到有效缓解。金融危机对美、英、法三国经济社会发展的破坏很快传导至青年的生活中，最直接的影响是就业困难。全球金融危机使得因产业空心化而居高不下的失业率进一步升高。比如，2010年，美国有约八分之一的家庭至少有一人失业，全国年度失业率达9.6%，但15—24岁男性失业率却高达20.65%，是全国平均失业率水平的两倍有余，该年龄段女性失业率也达到15.75%。同样的情况也出现在英国和法国。根据英国统计局发布的报告，2010年全国平均失业率为7.9%，而青年失业率达到了20.5%。2009年年末，法国本土失业人口超过270万人，全国平均失业率达9.6%，而在2010年第二季度，15—24岁青年失业率为23.3%。尤其严重的是，这一状况在短时间内没有得到明显改善，青年就业前景黯淡，大批青年处于长期失业状态。全球金融危机虽是一种突发性事件，可以说是欧美国家爆发"青年膨胀"的导火索，但青年的强烈不满在全球金融危机爆发前就有所显现。在新自由主义经济理论和政策之下，金融自由化、资本全球化导致欧美国家经济虚拟化和产业空心化，大量的实业资本要么流入金融业投机，要么转移到发展中国家，由此导致就业岗位大幅萎缩，青年群体受到的负面影响最大。

除了就业难容易激发青年群体的不满之外，财富分配不均也是激发青年不满的因素。最具代表性的案例是华尔街在金融危机中"发国难财"的行为及其引发的强烈不满。2008年美国国会批准7000亿美元的金融救援计划后，仅两个多月，3500亿美元救市资金就发到了各大银行。这些资金很大一部分进入了华尔街高管的私人口袋。他们作为引发次贷危机的始作俑者，不仅未受到惩罚，反而通过权钱交易赚得盆满钵满。全球金融危机爆发后，政府推动削减赤字计划，公立大学费用涨幅超过15%，进一步加剧大学生的经济负担。类似的不公现象在西方世界并非孤例。据英国乐施会长期跟踪调查，占英国人口总数10%的富人拥有整个国家一半以上的财富，其中占人口总数1%的最富裕阶层的财产总量相当于国家财富的四分之一。而五分之一的贫困人口仅占有不足1%的国家财富。普通人的工资在支付掉不断上涨的房租和其他账单后，几乎难有所剩。因此，不论是因失业而无所事事，还是对贫富差距心怀不满，青年都成为"伦敦之夏"的主力。在"伦敦之夏"期间被捕的3000多人中绝大多数为青年。他们一边高喊"我们要重新分配财富"，一边袭击警察、抢掠商店、四处纵火。法国财富分配不平衡情况同样严峻，最富有的前10%人口掌握接近一半的社会财富，还出现了收入差距"代代相传"的现象。法国统计局的一项调查显示，收入不平等不仅延续到下一代，而且这种差距呈扩大趋势。

透过英、美、法三国青年在骚乱中的表现，可以发现这样一个事实：三国所爆发的"青年膨胀"仅仅是对不满情绪的宣泄，至多对具体政策形成影响，并没有明确的政治诉求和目标。原因在于，一方面，青年因自身遭遇而对政府、政策、政党制度和选举等具体政治事务心存不满，但对于抽象的民主制度的认同度较高，并不想从根本上改变本国政治制度。这与同时期在阿拉伯地区发生的变革并不相同。另一方面，三国青年群体的"不幸"是一种相对的、底线较高的"不幸"。即使存在贫富差距和就业困难等现实问题，三国青年的总体生活质量仍相对较高，也有着不错的发展前景。对于绝大多数青年来说，抗议游行之外的"膨胀"方式成本高、动机弱，并非理性选择。因此，作为一种低强度的"青年膨胀"方式，抗议游行能够对具体政策形成影响，但对政治系统的深层次影响比较有限。但是，暴力违法行为会对社会发展产生较为深远的负面影响，除了造成财产损失和治安失稳外，更重要的是加剧不同族群、阶层之间的不信任。

四、"青年膨胀"发展趋势与应对措施

随着总和生育率不断下降，"青年膨胀"的人口基础在弱化，但这并不意味着"青年膨胀"的风险也在降低。毕竟，"青年膨胀"的核心机制在于青年发展的资源需求得不到很好的满足。因此，应对"青年膨胀"现象应从落实青年发展权入手。

（一）"青年膨胀"发展趋势

如第一节所述，"青年膨胀"的人口基础以高出生率为前提，同时受死亡率影响。近几十年来，许多国家的生育水平显著下降，全球已有超过三分之二的国家和地区总和生育率低于2.1。根据《世界人口展望2022》统计，2021年全球总和生育率仅为2.3，且呈现持续下降趋势，预计到2050年全球总和生育率将下降至2.1。虽然全球总和生育率在持续下降，但由于地区间存在差距，未来全球新生儿数量并不会出现明显下降，甚至可能略有增加。据统计，2040—2050年间全球新生儿规模将会比2021年的1.34亿高出400万左右，达到1.38亿。那么，全球青年人口规模即便有所减少，降幅也不会太大，只是由于全球人口总量仍在持续增长，青年人口的比重会持续下降，"青年膨胀"的人口基础在弱化，但这并不意味着"青年膨胀"这一社会现象会有明显缓解。受全球经济疲弱和复苏乏力、"逆全球化"、贫富差距扩大、失业加剧、地区冲突、"颜色革命"等现实问题的困扰，"青年膨胀"仍然存在不同类型和不同程度的爆发空间。同时，人口地区分布的变化会进一步增加"青年膨胀"爆发的可能性。具体来看，由于全球生育水平在地区间存在明显差异，撒哈拉以南非洲地区在接下来

将拥有远高于其他地区的生育水平,会导致"青年膨胀"人口基础的集中现象在未来几十年出现由东南亚、中东和北非地区向该地区转移的情况,详见表4-12。如果不能很好地满足青年发展的需要,撒哈拉以南非洲地区比较落后的经济和教育,以及民主化程度不高的政治制度,将会进一步放大"青年膨胀"的发生系数。因此,"青年膨胀"的发展趋势并不会严格按照人口年龄结构的改变而改变,而是存在一定的不确定性。

表4-12 世界及各地区总和生育率

地区	1990年	2021年	2050年（预测）
世界	3.3	2.3	2.1
撒哈拉以南非洲	6.3	4.6	3.0
北非和西亚	4.4	2.8	2.2
中亚和南亚	4.3	2.3	1.9
东亚和东南亚	2.6	1.5	1.6
拉丁美洲和加勒比	3.3	1.9	1.7
澳大利亚和新西兰	1.9	2.6	1.7
大洋洲*	4.7	3.1	2.4
欧洲和北美	1.8	1.5	1.6

注：*不包括澳大利亚和新西兰。
资料来源：《世界人口展望2022》。

(二) 应对"青年膨胀"的思考

"青年膨胀"在不同社会和政治体制下具有不同的表现形式和路径,针对性的应对措施也就不尽相同。但从"青年膨胀"最核心的爆发机制入手,还是可以寻找出具有普遍性的应对方法。

1. 以经济发展促进青年发展

经济水平和发展态势是影响"青年膨胀"发生概率的重要因素。

亨里克·乌达尔通过相关模型计算发现，经济机会和"青年膨胀"在多种样本上都表现出统计学意义上的相关性，这说明经济因素影响了青年群体参与动乱的倾向。[1] 就影响机制而言，存在微观和宏观两个视角。在微观上，一个社会的整体经济水平和发展态势关系到青年群体为参加动乱所放弃的收入，从而决定了参加动乱的机会成本。[2] 较高的经济发展水平和良好的发展态势预示着不错的收入机会。反之，经济状况普遍恶化则会降低青年参与动乱的成本，使得克服集体行动困境变得更加容易。换句话说，如果青年除了失业和贫困之外别无选择，会把参加动乱，如参加叛军和反叛组织，参与打砸抢烧街头暴乱，从事偷窃、抢劫等违法犯罪活动，视作创收的另一种方式。[3] 在宏观上，存在积极增长和不稳定增长两种假说。前者认为经济增长能够增强政府提供公共服务的能力，提高民众的生活水平，增加对政府的支持度。后者则着眼于经济发展的复杂变化，认为经济发展既可能产生贫富差距过大，也可能会提升中产阶级的经济地位和议价能力，从而影响政治稳定。[4]

因此，缓解"青年膨胀"现象的关键是保障经济稳定和可持续的发展态势，为青年发展提供充分的外部性，构建强有力的社会支撑体系。当青年群体对自身发展有着良好预期，并因经济发展而被赋予实现预期的机会，在就业机会、发展前景、生活水平、物质条件和现代化进程等方面成为经济发展的主要受益者时，机会成本上升、动机下

---

[1] Henrik Urdal, "The Devil in the Demographics: The Effect of Youth Bulges on Domestic Armed Conflict, 1950–2000", https://documents1.worldbank.org/curated/en/794881468762939913/pdf/29740.pdf.

[2] Collier P. and Hoeffler A. "Greed and Grievance in Civil War", *Oxford Economic Papers*, Vol. 56, No. 4, 2004, pp. 563–595.

[3] Paul Collier, "Doing Well Out of War: An Economic Perspective", in Mats Berdal and David M. Malone, eds. *Greed and Grievance: Economic Agendas in Civil Wars*. Boulder, CO and London: LynneRienner, 2000, pp. 91–111.

[4] Martin Paldam, "Does Economic Growth Lead to Political Stability?", in Silvio Borner, Michael kaser and Martin Paldam, eds. *The Political Dimension of Economic Growth*, London: Palgrave Macmillan, 1998, pp. 171–190.

降将使"青年膨胀"的发生概率大幅下降。另外，在发展经济的同时也要注意社会公平。青年作为一个整体在分配格局中处于弱势地位，并且对分配公平格外重视。因此，贫富差距过大往往是"青年膨胀"的重要推手。另外，社会福利水平要与经济发展状况相适应，让青年群体保持不间断的获得感和满足感，有利于降低不满情绪。

2. 统筹教育、就业和政治参与协调发展

良好的教育能够有效抑制"青年膨胀"，但当充分的教育遭遇就业和政治参与不足时，会产生明显负作用。教育一直是提升国民素质和人力资源质量、促进经济发展、让青年受益的重要方式，有利于社会稳定。当前社会的复杂性进一步提高了青年接受基础教育的必要性。受过良好教育尤其是高等教育的人比没有接受良好教育的人拥有更好的就业技能和创收条件，加大其参加动乱的经济成本。高等教育在很多国家和地区仍然是为数不多的阶层上升通道，由接受高等教育而产生的对未来的期望，也能够降低参加动乱的动机。因此，发展教育尤其是高等教育被很多国家视为应对"青年膨胀"的有效手段。但是，如果对教育的投入难以满足因青年人口剧增而扩张的需求，就可能会使那些被排除在教育之外，或难以享受高质量教育的青年群体产生不满。教育差距和机会不均直接挑战社会稳定。[①] 同时，在"体面工作"和政治参与的机会相对匮乏，与教育水平和规模不匹配的情况下，教育可能对社会稳定产生颠覆性影响。失业在任何国家都会削弱政体的合法性和稳定性，并延伸至社会稳定。因此，受过良好教育的青年普遍面临失业困扰的情况对社会稳定的破坏就更为突出。同理，当青年政治热情被教育激发出来，与相对封闭的政治体制发生冲突，或者青年被新的、多元的政治观念吸引时，会对现状产生异议和不满，从而影响社会稳定。

因此，在保障教育机会、重视教育公平、加大教育投入、提升教

[①] Mehmet Gokay Ozerim,"Can the Youth Bulge Pose a Challenge for Turkey? A Comparative Analysis Based on MENA Region-Driven Factors", *Young*, Vol. 27, No. 4, 2018, pp. 1-21.

育质量的基础上，务必做到教育与经济发展水平相适应，以高质量就业确保教育产出成为促进国民经济发展的助推器。面对教育带来的政治权利意识提升，要重视回应青年群体的政治表达，扩大对青年群体的政治吸纳，规范青年群体的政治参与。政治系统要呈现一种开放状态，对青年群体的政治吸纳主要考察吸纳对象是否优秀和是否具有参与意愿，而非出身、财富、性别、种族等。

3. 坚决打击腐败

虽然腐败形式具有国别差异，但共同表现为对公权力的私有化占有并谋取私利。它不成比例地影响着那些占有资源最少的人群，使社会弱势群体率先遭受打击。大多数处于人生过渡阶段的青年属于易受腐败影响的群体。从制度层面看，腐败会扭曲政治决策的公共性，使其向小部分人群倾斜，加剧不同群体之间的政治和经济不平等。腐败会严重降低公共物品质量，使更需要公共物品的青年群体的收益下降。从个体层面看，公权力掌握者不正当介入并干涉其他公私领域的寻租行为，不仅为官商勾结、攫取财富创造了条件，更造成对公平竞争制度的破坏，使青年不能根据自身实际情况得到合理的资源配置。尤其是当社会上形成鼓励青年以行贿方式获取工作机会的风气甚至是规则时，只会迫使更多青年加入行贿行列并付出额外代价，否则他们将会被排除在劳动力市场之外。从经济层面看，腐败的实际经济成本巨大。分配领域的腐败现象不但不能提高生产力和经济运行效率，反而会因为腐败成本巨大而对经济增长产生负面影响，并传导至青年群体的生活水平和发展前景上。另外，青年的信息收集优势会提高他们对腐败的感知力，直接的腐败经历以及比较强烈的公平意识使得青年群体对腐败的容忍度更低。总之，腐败现象会导致青年对政府和政治系统失去信任和信心，甚至催生不满情绪，从而破坏社会和政治稳定。因此，加大对腐败的打击力度，提高政治透明度，建设高效、廉洁、法治的政府，可以有效缓解"青年膨胀"。

第五章 人口国际迁移的政治影响

进入 21 世纪以来，国际移民成为塑造流入地人口结构和社会形态的重要力量。在国际移民规模持续扩大的同时，也出现了新的流动形式。受经济发展和社会福利影响，由众多发展中国家向较发达经济体流动仍然是国际移民的主流形式，且形成了若干"迁移走廊"。另外，受战乱影响的难民也是国际移民的重要组成部分，他们面临就近安置与迁移意愿割裂的问题。不同文化、宗教、种族的国际移民会使移民迁入国人口结构进一步复杂化，而多元文化主义对此缺少必要的整合功效。因此，那些接收了大量移民的国家面临国家特性解构的风险，并因移民导致政治极化加剧，进一步弱化了民主机能。但同时，人口国际迁移是一种宝贵的资源转移，不论是技术移民还是劳动力移民，都在多个维度支持发达国家并削弱发展中国家，起到了固化全球不平等的作用。面向国际移民尤其是难民的边境管控也成为影响国际政治的重要因素。

一、国际移民现状与模式

国际移民在过去 50 年呈现量比同步增长的趋势。经济因素仍然是影响国际移民的关键，从发展中国家向较发达经济体的流动依然是国际移民的主流形式，乃至形成了规律性的"迁移走廊"。

（一）国际移民的定义

"移民"一词本身代表着居住地的变迁，那么，"国际移民"也就意味着居住地在国家间转换。不过，如何准确定义"国际移民"，实务界和学术界都进行了长时间的探索。李明欢教授对此进行了梳理研究。第四届国际劳工大会（The Fourth Session of the International Labour Conference）在1922年提出需要对"国际移民"的概念进行统一定义。出于协调各国统计外来移民数据的方法以提升数据间可比性的目的，联合国在1953年提出了"国际移民"统计标准，即把在国外居住"满一年以上"的人视为国际移民。1976年，为顺应形势需要，联合国对"国际移民"的标准作了重新修订。除了"以长期居留为目的、已经在移入国住满一年以上、仍然居住在该国"的人可视为国际移民外，那些"有意在移入国长期居留但并未连续居住满一年者或曾经居住过一年以上但目前并不住在该国"的人，也可被视为国际移民。从修订后的标准看，国际移民的外延明显扩展，但也出现了概念模糊、缺乏可操作性等问题。比如，相较于"居住是否满一年"的事实，"有意在移入国长期居留"很大程度上取决于移民者的观念，不确定性较大。因此，联合国于1997年再次修订相关规定，并于次年正式公布《国际移民统计建议》，将"国际移民"定义为"任何一位改变了常住国的人。但因为娱乐、度假、商务、医疗或宗教等原因而短期出国者，不包括在内"。《国际移民统计建议》进一步以时间为标准将国际移民划分为"长期移民"和"短期移民"，前者为"迁移到其祖籍国以外的另一个国家至少一年（12个月）以上，迁移的目的国成为其事实上的新的常住国"，后者为"迁移到其祖籍国以外的另一个国家至少3个月以上、一年（12个月）以下"，且将以休闲度假、探访亲朋、经商公务、治病疗养或宗教朝拜为目的的迁移排除在外。[①] 国际移民组织则

[①] 李明欢：《国际移民的定义与类别》，载《华侨华人历史研究》，2009年第2期，第1—10页。

将"国际移民"定义为"为了在其他国家定居而跨越国境流动的人群,包括暂时性居住"。国际移民组织的定义完全放弃了对时间的约束。正因如此,出现了将移民的"行动"和"身份"混淆的情况。具体来看,"行动"指的是从一个国家迁移到另一个国家的跨越国境的流动过程。由于取消了时间的限制,意味着被观测者只要发生这一具有明确目的的行动,就可以被判定为移民。而对于"身份"而言,即便不存在"跨越国境的流动过程",也可以将一些人从"身份"的角度定义为移民。比如,出生在海外的国际移民的子女通常被称为第二代或第三代移民,即便他们已经获得了常住国的国籍。对于本书而言,由于涉及文化冲突、难民流离等问题,故采取较为宽泛的定义,既从行动视角考察移民过程,也从身份视角考察历史与文化层面的移民状态。其中,移民是指具有移民身份的人,包括出生在海外的国际移民的子女。而新增移民则指在一定时间段内发生跨越国境流动行为的人。

(二) 国际移民规模与各维度分析

按照国际移民组织的统计口径,2020年,即便受新冠肺炎疫情影响,国际移民存量也达到了2.81亿,比2000年的1.74亿多了1亿,是1970年(约8400万)人数的两倍多。[①] 据估计,新冠肺炎疫情期间的旅行禁令使得国际移民存量减少了约200万。这些人大多数是具备移民"行动"特征的人,他们的季节性务工、国际旅行、海外经商、出国留学等活动,因为疫情影响而不得不暂缓或放弃。换句话说,如果没有新冠肺炎疫情,2020年国际移民的数量可能会在2.83亿左右。同时,国际移民占总人口的比重也逐渐增加,2020年占比达到3.6%。如表5-1所示,国际移民在过去50年总体呈现量比同步增长的趋势。

---

① 本节数据主要来源于《世界移民报告2022》,http://worldmigrationreport.iom.int/wmr-2022-interactive/。

表 5-1 1970—2020 年国际移民规模与占总人口比重

年份	移民规模（亿）	比重（%）
1970	0.84	2.3
1975	0.90	2.2
1980	1.02	2.3
1985	1.13	2.3
1990	1.53	2.9
1995	1.61	2.8
2000	1.73	2.8
2005	1.91	2.9
2010	2.21	3.2
2015	2.48	3.4
2020	2.81	3.6

资料来源：《世界移民报告2022》。

从国际移民地区分布来看，美国仍然是国际人口迁移的主要目的国，大约有5100万移民人口。德国和沙特阿拉伯分别以1600万和1300万国际移民总量位居第二、第三位。不同国家的国际移民类型存在较大差异。从国际移民来源国来看，印度是世界上产生国际移民最多的国家，将近1800万。墨西哥作为第二大国际移民来源国，约有1100万人移民至其他国家。俄罗斯与中国分别以1080万和1000万位列第三、第四位。值得强调的是，作为人口小国的叙利亚由于过去十年持续的难民外流，以800万的规模成为全球排名第五的国际移民来源国。从洲际分布来看，欧洲既是传统劳务移民的主要目的地之一，也因地缘便利性成为中东难民的主要目的地之一。因此，欧洲现有8700万移民，是国际移民的最大目的地，约占国际移民总量的30.9%。虽然亚洲不是传统移民目的地，但由于巨大的人口基数，导致亚洲国际移民数量仅仅略少于欧洲，为8600万，占国际移民总量的

30.5%。北美是 5900 万国际移民的目的地，占国际移民人口的 20.9%。在过去 15 年中，拉丁美洲和加勒比地区的国际移民数量增加了一倍多，从大约 700 万增加到 1500 万，成为国际移民增长率最高的区域，占国际移民总量的 5.3%。大约 900 万国际移民居住在大洋洲，约占国际移民总量的 3.3%。由于人口基数差异较大，国际移民在各地区总人口的占比与占国际移民总人口的比重并不相同。大洋洲的国际移民占地区总人口的比例最大，达 22%。北美、欧洲、拉丁美洲和加勒比地区、非洲和亚洲的国际移民占地区总人口的比例分别为 15.9%、11.6%、2.3%、1.9% 和 1.8%。

从年龄角度看，2020 年约有 78% 的国际移民属于 15 岁至 64 岁的劳动年龄人口；19 岁及以下的国际移民人口约占 14.6%，比 1990 年的 18.9% 有所下降；老龄移民人口占比约为 12.2%，基本处于稳定状态。从性别角度看，男性移民人口比例略高于女性，为 51.9%。两者数量差距较小，且都处在上升趋势。

从移民类型来看，劳务移民仍然是国际移民的主要类型。由于新冠肺炎疫情使得劳动力季节性转移受阻，因此疫情期间的数据不能客观反映国际劳务移民的真实状态，故以疫情暴发前的 2019 年数据来分析。2019 年全球约有 1.69 亿国际劳务移民，占当年 2.72 亿国际移民总量的 62%，这和 2020 年 78% 的国际移民是 15—64 岁劳动年龄人口的数据相呼应。国际劳务移民性别失衡情况要明显严重于国际移民整体情况。2019 年，男性国际劳务移民数量为 9890 万，占比为 58.5%，女性国际劳务移民数量为 7010 万，占比为 41.5%。男性劳务移民比女性劳务移民多 2880 万。国际劳务移民的目的国与劳务移民的性质保持高度相关性。绝大多数国际劳务移民生活在中高收入国家。如表 5-2 所示，具体来看，在 2019 年有 1.139 亿、约占国际移民总量 67% 的国际劳务移民生活在高收入国家，有约 4900 万、占比 29% 的国际劳务移民居住在中等收入国家，约 610 万、仅占 3.6% 的国际劳务移民居住在低收入国家。国际劳务移民在不同收入国家的分布情况，造成在低收入、中低收入、中高收入国家的收入群体中，国际劳务移民占劳动力总数的比例非常低，分别为2.3%、1.4%和2.2%。然而，高收入国家接收的国际劳务移民数量多，加上自身人口基数较小，导致国际劳务移民在其总劳动力人口中的比重较高，达到了18.2%。

表5-2 按目的国收入水平和性别分类的国际劳务移民

国家类型	国际劳务移民（百万）			占全球国际劳务移民比重（%）		
	男	女	总	男	女	总
低收入	3.7	2.4	6.1	2.2	1.4	3.6
中低收入	10.5	5.6	16.0	6.2	3.3	9.5
中高收入	19.5	13.5	33.0	11.5	8.0	19.5
高收入	65.3	48.5	113.9	38.6	28.7	67.4
全部	98.9	70.1	169.0	58.5	41.5	100.0

资料来源：《世界移民报告2022》。

国际难民也是国际移民的类型之一。截至2020年年底，世界上有超过2640万难民，且38%的难民年龄低于18周岁。其中有2070万是联合国难民署核定的难民，剩下的570万是联合国近东巴勒斯坦难民救济和工程处在近东登记的难民。虽然在2012年已经出现了难民数量增长放缓的情况，但2640万的规模仍然是有记录以来最高的。从难民来源国角度看，叙利亚（670万）、委内瑞拉（400万）、阿富汗（260万）、南苏丹（220万）和缅甸（110万）是排名前五的难民原籍国，世界上约有三分之二（68%）的难民来自上述五个国家。由于这些国家存在长期的内战冲突或经济困难，至少七年以来一直是难民的主要来源国。从难民收容国来看，同样存在高度集中的情况。作为弱势群体的难民，只是想通过离开家园的方式远离战争、贫困、灾难或迫害。因此，大多数难民待在他们原籍国附近的国家，甚至是边境附近，绝大多数（73%）难民被收容在邻国。比如，土耳其连续五年成为世界上最大的难民接收国，2020年共接收了360多万难民，其中主要是叙利亚人。还有部分叙利亚难民迁移到了邻国黎巴嫩。而巴基斯坦和伊朗则成为阿富汗难民的主要收容国。除了邻国之外，欧洲也接收了大量中东难民，仅德国在2011—2020年的10年间，至少接收了126.5万难民。

（三）国际移民发展态势

经济水平、社会环境和地缘政治等方面的变化影响着国际移民的产生与流动，在形成规律性的"迁移走廊"的同时，也出现了高收入国家的劳务移民比重下降和难民迁移面临就近安置与迁移意愿割裂等情况。

1. 形成国际移民"迁移走廊"

作为最古老的社会活动之一的人类迁移，一直遵循着某种规律，或是为了躲避战争与自然灾害，或是为了探寻更好的土地与牧场，抑或受某种行政命令的强制。近代以来，受到经济、地理、人口、战争或其他因素的影响，人口迁移已经形成了较为固定的模式。归纳起来大体上有如下三种：占据主导地位的模式是从发展中国家向较发达经济体的流动；新兴模式是由战乱地区向周边迁移；第三种模式是家庭团聚的人口国际流动，对前两种模式存在一定的依附性。并且，前两种移民模式已经形成规律性的"迁移走廊"。

"迁移走廊"，是指国际迁移运动随着时间的积累，一些个体零散自发的迁移现象逐渐演变为特定目的国生活着大量某一外国出生人口的移徙模式，反映着国际迁移进程中特定目的国和特定来源国之间的联系，用来衡量两国间移民强度。目前，全世界共形成了五条迁移人口规模超过300万的"迁移走廊"。墨西哥到美国的走廊是世界上最大的"迁移走廊"，产生了将近1000万国际移民。并且这些移民绝大多数出于务工和家庭团聚的原因而成为永久性移民。第二大走廊是由叙利亚到土耳其的难民走廊，大概有360万的规模。由于叙利亚内战仍然没有结束,流离失所的难民使得这一非常规"迁移走廊"仍将存在。排名第三的走廊是由印度向阿联酋的劳务移民"迁移走廊",规模超过300万。由于生活习惯和宗教信仰上的差异,大多数在阿联酋的印度移民单纯以务工为主,往往成为季节性国际移民。排名第四和第五的为俄罗斯和乌克兰之间的双边走廊,大约有300万出生在俄罗斯的人现在生活在乌克兰,而几乎同样数量的人已经从乌克兰搬到俄罗斯。俄罗斯和乌克兰之间双边走廊的移民类型受历史因素的影响较大,务工并非主要目的。除了上述五条主要"迁移走廊"外,还存在着其他规模较小但"走廊特征"比较显著的迁移模式。以印度为例,除了向阿联酋输出劳务移民外,还有百万规模以上的移民生活在经济较为发达的美国和沙特阿拉伯。

2. 高收入国家的国际劳务移民比重下降

在国际劳务移民的地区分布中有一个变化值得关注。虽然经济因素在国际迁移中发挥着重要作用,中高收入国家一直是国际劳务移民的主要目的地,2013年、2017年和2019年所占比重均在86%上下浮动。但中高收入国家内部结构发生了一定的变化。从2013年到2019年,生活在高收入国家的国际劳务移民占国际劳务移民总量的比重从74.7%下降到67.4%,下降了7.3个百分点。而中高收入国家的国际劳务移民比重从11.7%上升到19.5%,上升了7.8个百分点。经济是造成这种变化的重要因素之一。以欧洲为代表的部分高收入国家受2008年全球金融危机、2009年开始的主权债务危机和2010年以来的难民危机叠加影响,经济发展疲弱。而部分新兴经济体经济发展势头良好,发展速度较快,能够提供大量就业岗位。另外,中等收入国家生活成本较低,也是吸引国际劳务移民的重要因素。同时,"逆全球化"趋势出现的国际大背景,加之移民过多导致的各类社会问题,使得西方国家特别是高收入国家有意收紧移民政策。比如,特朗普上台伊始就颁布了移民限制令,且得到了美国最高法院的支持。新冠肺炎疫情暴发后,特朗普进一步收紧劳务移民政策,以保证为美国工人

"腾出"更多的工作岗位。欧盟同样采取了限制移民的政策，尤其是对新加入欧盟的国家施行更加严格的移民限制政策。

3. 难民迁移面临就近安置与迁移意愿割裂的冲突

虽然绝大多数难民是被邻国收容的，但部分难民所期盼的目的地是发达的欧美地区和澳大利亚。具体来看，2019年，全球提出的一审庇护申请大约为200万件，其中美国为最大接收国，有30.1万人申请，排名第二的德国有14.25万人申请。在难民入籍方面，2020年全年共有近3.4万名难民归化，85%的归化发生在欧洲，其中大多数在荷兰，有25 700名，排名第二、第三的是加拿大（大约5000人）和法国（大约2500人）。2020年，全球约有34 400名难民被接纳并重新安置，主要安置国家是美国和加拿大，分别有9600和9200名，欧盟共安置了11 600名难民。正因如此，那些被就近安置在邻国的难民仍然有一部分要继续迁移，但迁移过程的风险和入境国的政策都给难民迁移带来很大的不确定性。

二、人口国际迁移的政治影响机制与案例

人口国际迁移对人口结构的影响不同于老龄化和青年群体比重增加。后两者对人口结构的影响更多地体现在同一群体内部，而人口国际迁移对人口结构的影响则体现在不同群体之间融合与排斥过程中，使人口的文化、宗教、语言、价值观念等结构逐渐复杂化。目前，在西方社会占据主导地位的文化多元主义观念打破了移民或主动融入或被动同化进主流文化的传统，出现了移民群体身份认同高于国家认同的现实，在很大程度上解构着国家特性。大规模的异质的域外移民产生的社会问题和认同危机，使移民问题政治化，并从多个维度加剧政治极化。除了对移民输入国的政治局势造成影响外，人口国际迁移也会影响国际政治局势。一方面，人口国际迁移现象既是全球发展不平衡的象征和结果，也会成为一种"机制"反过来在很大程度上固化这种不平衡。另一方面，对于那些并不受欢迎的移民，特别是难民群体

来说，他们的二次迁移会加剧过境国与目的国之间的紧张局势。本节以案例为依托，结合五种人口国际迁移的政治影响机制，进行案例分析，以求具体化、形象化。

（一）国际移民挑战国家认同

强调多元、多样、差异与平等的文化多元主义，打破了移民或主动融入或被动同化进当地主流文化的传统。难以融入欧美主流社会的移民对于"我是谁"这一身份认同问题的答案往往是"我是拉丁裔"或"我是穆斯林"，甚至不认为自己是迁入国的国民。这种现象说明，欧美当前以务工或避难为主的移民类型，很难明显改变移民群体的认同序列。特别是在移民规模持续扩大，形成独立且与主流社会并行的族群和社区，并在其中较好地保留着原有的文明、宗教、生活方式和价值偏好的情况下，移民对目的国的认同度并不高，与主流文明形成差异化对立。

在美国，持续的移民迁入和明显高于美国本土居民的移民生育率，使得"一个多元的美国"成为可能。亨廷顿所担忧的挑战美国国家特性的人口结构正在逐渐成为现实。2020年，美国白人人口比重已经从1990年的75.6%下降到57.8%，决定未来人口格局的白人儿童比例下降到47.3%。拉美裔人口比重在过去30年翻了一番，从1990年不足9%跃升到2020年的18.7%，成为美国第二大族群。亚裔群体增速也比较快，由1990年的2.8%增至6%。非洲裔人口比重并未发生明显变化，仍保持在12%左右。并且，这些人口分布并不均衡，作为主要移民群体的拉美裔集中在南部和西部等与墨西哥接壤的地区，在69个郡占比过半。据美国人口普查局预测，由于拉美裔人口生育率相对较高，拉美移民迁入相对持续，到2050年，美国白人将成为少数族裔，拉美裔将成为美国第一大族群。

面对人口结构变迁现状，以及新的移民较难归化的现实，人们对美国正在丧失其国家认同和核心文化，走向文化分岔，分化为"两个民族、两种文化和两种语言",甚至面临拉美化风险的担忧不无道理。① 皮尤调查中心2017年的一份调查披露,有50%的拉美裔移民仍以原国籍称呼自己,而称自己为"美国人"的仅为23%。有72%的拉美裔成年移民表示,他们觉得自己与原籍国的联系非常紧密。还有近70%的第二代拉美裔移民认为他们的父母"经常"鼓励他们在成长过程中说西班牙语,以保持文化认同。② 另外,只有36%的墨西哥裔移民选择申请公民身份,且多出于"获得法律权益""利益和机会""家庭原因"的需要,名义上出于"美国国家认同"的仅为7%。而没有申请的原因就包括"不感兴趣"。③ 这些数据从一个侧面反映出移民对美国的国家认同较为淡薄。

可以说,第一代拉美裔移民是为了追求更好的生活,而非因对美国的生活方式和价值观感兴趣而来到美国。因此,他们在移民美国之后仍然保持着本国的语言、文化、价值观、习俗和生活方式,这体现了移民对母国文化的认同与坚持。尤其是迁入国移民社区的形成和迅速扩张,使拉美文化的独立性和凝聚力进一步提升,让拉美裔移民主动融入美国主流社会的动机较弱,拒绝使"美国梦"得以确立的盎格鲁-新教徒的价值观。更严重的是,拉美文化的壮大不仅在很大程度上削弱了美国文化的同质性,而且在部分地区形成了"逆文化适应"现象。在那些移民占多数的城市里,本土居民或搬离或同化进移民社区。总之,由移民导致的人口结构拉美化趋势作为底层要素和解构力量,已经对美国文化特性构成了挑战,对国家认同形成了障碍。

美国作为典型的移民国家,尚且难以对移民所形成的多元文化进

---

① 塞缪尔·亨廷顿著,程克雄译:《我们是谁:美国国家特性面临的挑战》,北京:新华出版社,2005年版,第18页。

② Mark Hugo Lopez, et al. "Hispanic Identity Fades Across Generations as Immigrant Connections Fall Away", https://www.immigrationresearch.org/system/files/Pew-Research-Center_Hispanic-Identity-Report.12.20.2017.pdf.

③ 张朋辉:《美国国家认同的挑战》,http://opinion.people.com.cn/n/2013/0222/c1003-20564452.html。

行有效整合。那么，对于欧洲那些国民身份边界较明确的非传统移民国家来说，在面对拥有强烈身份认同的穆斯林移民时，过度强调多元主义和以"政治正确"强化包容态度的做法，使异质文化对国家认同的冲击更为明显。这些国家甚至已经产生了亨廷顿所谓的"文化的冲突"。

欧洲域外移民主要以中东和非洲地区的穆斯林群体为主，存在三种类型。一是从前殖民地迁往前宗主国，如从前法国殖民地迁入法国的大量穆斯林人口，大约有600万到700万，占总人口的比重为8.8%到10%左右。二是对低成本、低技术含量的劳务移民的主动吸纳，如二战后德国吸纳了大量土耳其劳动力，加上以家庭团聚为目的的后续移民，约有400万土耳其移民。三是在难民危机背景下对中东难民的接收，仅2015年就有百万之巨，且主要集中在几个经济大国。2016年，欧洲30个国家中约有穆斯林移民2580万人，占全部人口的4.9%，而在2010年仅为1950万人。皮尤调查中心认为，穆斯林人口占欧洲总人口比例已超过7%。并且，同样由于持续移民过程和穆斯林群体生育率远高于本土居民，欧洲穆斯林群体的比重和规模都将持续增长。

伊斯兰教的特性使得宗教身份在欧洲穆斯林移民认同序列中毫无悬念地排在首位，明显优先于对居住国的国家认同，并且受是否具备公民身份和社会经济地位的影响很小。比如，在英国只有7%的穆斯林把自己的首要身份描述为国家公民，而认为自己首先是穆斯林的高达81%。与英国类似，德国只有13%的穆斯林把自己的首要身份描述为德国人，而66%的受访者认为自己首先是穆斯林。法国情况稍有不同，42%的穆斯林认为自己的首要身份是法国公民，46%的受访者认为自己首先是穆斯林。这和法国穆斯林群体很多来源于前殖民地，与法国在情感上存在一定认同有很大关系。而绝大多数当地基督徒认为自己首先是国家公民。① 并且，出生在欧洲的穆斯林移民后代依然并未完全世俗化，对于国家的认同度比较低。比如，在一个总分为4分的国家认同度调查中，德国穆斯林青年的国家认同数值为2.31，而本土青年的认同数值为3.68，比利时、英格兰、荷兰、瑞典具有类似的认同差距。② 这与通常情况下移民后代国家认同度逐渐提升的情况不符，说明伊斯兰信仰对于身份认同具有根深蒂固的影响。

基于"我首先是穆斯林"的身份认同，欧洲穆斯林在公共和私人生活方面积极践行宗教信仰和特定生活方式。比如定期做礼拜、消费清真食品、支持戴头巾、拒绝世俗化和抵制异族通婚等，他们对自身宗教和民族身份具有极强的自豪感和荣誉感，宗教教义在社会生活中高于政治和法律制度，他们多以伊斯兰教法而非世俗法律来处理家庭和财产等社会问题，世俗的公民权利义务观念较弱。在价值观念层面，部分穆斯林群体对世俗化存在较大争议，认为世俗化是对宗教信仰和教义的亵渎。穆斯林移民和本土白人基督教徒在自由、平等、民主和权利等政治价值观上存在显著差异。比如，在法国，是否戴面纱一直是一个激烈的争论点。2010年通过的禁着令禁止任何人在公共场所蒙面。虽然该法令适用于所有公民，但普遍认为是针对穆斯林妇女被要求佩戴头巾甚至蒙面的应对措施。法国主流文化认为，被要求佩戴头巾是对穆斯林妇女的压迫，体现着对人权的漠视，与共和及性别平等的主流价值观念相悖。而穆斯林群体则认为，妇女佩戴头巾是其传统和宗教信仰，禁着令是法国主流社会对穆斯林文化和宗教不尊重或排斥的表现，而强行通过禁着令则是对穆斯林群体的打压。

如果说美国拉美裔移民与主流社会呈隔断与分离状态的话，那么

---

① Pew Research Center, "Muslims in Europe: Economic Worries Top Concerns About Religious and Cultural Identity", https://www.pewresearch.org/global/2006/07/06/muslims-in-europe-economic-worries-top-concerns-about-religious-and-cultural-identity/.

② Fenella Fleischmann and Karen Phalet, "Religion and National Identification in Europe: Comparing MuslimYouth in Belgium, England, Germany, the Netherlands, and Sweden", *Journal of Cross-Cultural Psychology*, Vol. 49, No. 1, 2018, pp. 44-61.

欧洲穆斯林移民与主流社会则呈对抗与冲突的局面。一方面，宗教身份高于世俗身份的认同感，会增加穆斯林移民融入主流社会的难度。或者说，穆斯林移民不愿意为了融入主流社会而放弃自身的生活方式和宗教信仰。反过来，与主流社会疏离或者被主流社会排斥会使他们更加渴望从宗教信仰和种族身份方面获得安全感。如此，他们就会不可避免地与各国世俗主义价值观和生活方式产生摩擦甚至冲突。另一方面，如果出现宗教身份与世俗价值观相冲突，或宗教信仰与民族身份被伤害的情况，这种感情上的伤害就容易被极端分子利用，而这又会加剧本土居民对穆斯林移民的不满与排斥。除了挤占就业和分薄福利等现实冲突外，伊斯兰教与基督教在文明层面的冲突亦逐渐显化。由"查理周刊事件"引发的一系列暴恐事件就是这种文明冲突和内部认同危机的案例。

（二）移民问题加剧政治极化

大规模异质化的域外移民所带来的社会现实问题和文化认同危机，使国际移民成为一个牵涉选民、选举、政党和政策的政治问题。如何对待移民群体成为不同阶层之间、民众与政治精英之间、不同党派之间难以调和的价值分歧，从多个维度加剧政治极化。

首先，民众政治立场向光谱两端极化。欧美社会多种危机的叠加使得民众对政府、主流政党、政治制度和政策愈发不满，原本持温和政治观念的民众逐渐接受和支持一些激进思想，向自由和保守两个极端分化。以前，政治格局是沿着一条由经济议题界定的左右光谱分布的，左翼追求平等，右翼注重自由。标榜进步主义的左翼以工人、工会、社会民主党为核心，追求更好的社会福利和经济再分配。而相对保守的右翼的首要兴趣是缩小政府规模、推动自由市场和私营部门发展。但是到了21世纪的第二个十年，包括移民问题在内的身份政治逐渐取代经济议题，成为划分政治光谱的关键指标。左翼不再像以前那样关注经济平等，而把对平等的追求聚焦于促进包括移民和难民在内的被边缘化群体的权益。右翼则把自己重新定义为志在保护传统民族身份的爱国者，民族身份往往与种族、族裔、宗教有明确关联，这就难以避免地涉及移民问题。[①]

由于移民带来的现实冲击，比如难民已经严重破坏了社会治安、弱化了国民精神等，在一定程度上助力了把自己包装成保护传统民族身份的爱国者的右翼势力，抵制移民的思潮层出不穷且影响广泛。比如，在持有强硬反移民立场的特朗普提出"美国优先"的口号并取得较为理想的选举效果后，"国民优先"的主张得到了右翼反移民势力的追捧。法国极右翼政党"国民联盟"候选人玛丽娜·勒庞主张"法兰西优先"，以23.15%的得票率在2022年总统大选中位居第二，被媒体评论为"这是她在第一轮选举中的历史最好表现"。靠打"反移民"牌上台的奥地利总理库尔茨也提出了"奥地利人优先"的政治纲领。库尔茨既主张限制增加新的移民，誓言不让2015年的欧洲难民危机重演，要切断移民入境欧洲的主要管道，又削减境内移民享有的福利，甚至计划关闭穆斯林幼儿园。反移民价值观念广泛传播带来的另一个现象是，一些左翼支持者不同程度地接受了右翼的排外观念。难民危机对不同社会阶层、群体产生的冲击并不均衡。在就业竞争、住房福利和街头治安等问题上，以工人群体为主的中下层民众率先遭受冲击且感受尤为明显、深刻。因此，虽然这些人是传统的左翼支持者，但他们当中支持关闭边界的呼声要比支持保持开放或维持现状的人更多。可以说，在反移民方面，右翼的价值观面向左翼支持者的传播是较为有效的。

不过，保护移民基本权利的左翼平权思想仍然有很大市场，难民危机时多国爆发了要求政府接收难民的游行示威。比如，2016年，欧盟与土耳其签订包括难民遣返内容的合作协议后，欧盟许多大城市爆发了要求接收难民的示威游行，参与者达到百万之众。伦敦大约有

[①] 弗朗西斯·福山著,刘芳译:《身份政治:对尊严与认同的渴求》,北京:中译出版社,2021年版,第12页。

4000人参与游行,喊着类似于"这里欢迎难民"的口号。"我来到这里,希望向来自叙利亚的难民和移民表示支持和友好,叙利亚正处于危机之中,而西方国家在很大程度上应该为这个危机负责。"① 这是参与游行的民众的主流观点。应该说,欧盟大规模接收中东难民就是这种思想的具体表现。总之,欧美民众在难民问题上形成了接纳与排斥两种对立的阵营,并且这种对立在很大程度上基于个人的价值观念而非现实利益,所以难以调和。

其次,中下层民众与建制派精英间立场割裂。西式民主政治体系具有天生的精英政治色彩。虽然在民粹主义再次崛起的冲击下,出现了不少"素人政治"现象,比如毫无从政经验的特朗普当选美国总统,库尔茨27岁当选国会议员并担任外长、四年后当选奥地利总理,但精英政治的格局并未全面瓦解。整体上看,西方政治精英仍然在通过"政治正确"主导着民主政治发展、人们的意识形态及政治行为。政治精英们运作着政府,制定大多数的经济和外交政策,取悦工商业和金融资本,主导新闻舆论。然而,精英政治在形成和运行过程中出于维护自身地位的需要而演化出了明显区别于民众的利益诉求和价值观念。由于和民众的利益存在差异,从某种程度上来说,精英们表现出了"反动"的一面。比如,精英群体出现了一定程度上的"堕落"现象,造成政治精英脱离民众而民众也抛弃政治精英的双向割裂,具体表现为精英运作和民众意愿难以合拍。越来越受到普通民众抵制的难民政策就是精英与民众双向割裂的结果。

难民政策的制定和变迁虽然是精英与大众博弈的结果,但政治精英通过操纵舆论和控制议程发挥主导作用。难民政策更多地体现着政治精英们的利益、价值观和偏好。② 比如,接收中东难民既是人道主义

---

① 人民日报海外网:《欧洲数百万人参加支持难民的游行》,http://m.haiwainet.cn/middle/232591/2016/0321/content_29757418_1.html。
② 莫妮卡·加布里埃拉·巴托谢维奇:《根据精英需要——欧盟共同政策下德国和匈牙利的移民政策》,载《国际社会科学杂志(中文版)》,2021年第4期,第29—45页。

价值和"政治正确"的体现，又有着重要的经济考量——接收难民能够带来充足的劳动力，同时也被认为是深化欧洲一体化、增强国际影响力的重要举措，故得到了政治精英和资本精英的一致推崇。这也就解释了为什么欧盟在危机之初对难民持开放态度。然而，对就业、福利和治安需求更加迫切的中下层民众对难民的"威胁"尤为敏感。一方面，他们把以往享有的优越生活的逐步丧失简单地归咎于外来移民。这种想法有其现实因素，移民尤其是中东难民的到来给本土居民的生活造成了很大困扰。另一方面，面对移民问题的现实冲击，心理上的种族优越感使他们从"移民的保护者"转向"民族身份的保护者"。出于保护民族传统的目的，普通民众在本能上抵制外来移民。[1] 而议员、部长等政治精英则较少受到难民大量涌入的直接影响。因此，现实利益的割裂导致民众与建制派精英在移民问题上分歧严重，民众越来越不支持政府的难民政策。

最后，国际移民问题助力民粹型政党崛起。移民问题虽然使民众政治观念向光谱两端移动，但总体上呈现出移民政治化推动社会阶层向右转向的趋势。加之传统建制力量与民众之间日益脱节，民众也在某种程度上抛弃了"不食人间烟火"的建制派精英及其所信守的"政治正确"，转而投向了那些敢替自己表达政治观点，同时又利益一致的民粹主义政党及群体。这为抱持反移民立场的民粹型政党崛起提供了选民基础，使其逐渐成为影响政治走向的重要力量。移民问题使法国政党格局发生根本性改变。法国激进排外的"国民阵线"（2018年更名为"国民联盟"）不仅在2014年和2019年的欧洲议会选举中得票率第一，更是连续两次进入总统大选第二轮。对于德国而言，出现具有极右翼色彩的政党已属罕见，而坚决抵制穆斯林移民、常常发表极端言论的"选择党"不仅迅速壮大，更是在2017年和2022年分别以13.1%和10.3%的得票率进入议会，参与国家政权。这足见德国社会

---

[1] 宋全成:《论法国移民社会问题的政治化——一种政治社会学的视角》，载《山东大学学报》，2010年第1期，第110—116页。

结构的变化和民众的极端右翼倾向。2017年，奥地利结束了长达60年以温和中间政治势力为主的政府格局，两个坚持反移民政策的政党——奥地利人民党和自由党——都成功增加各自支持率和议席，而不是彼此分化对方选票，并成功组阁。随着极右翼政党（自由党）进入内阁，奥地利成为当时欧盟唯一一个由极右翼掌握国家政权的国家，政治向右转向明显。虽然美国两党制度压制了民粹型政党的发展空间，但既有政党也出现了民粹化的倾向。特朗普在执政和竞选期间，别有用心地制定排外政策和使用分裂性语言煽动种族仇恨以取悦核心支持者，进一步加剧了美国社会撕裂。

民粹型政党和人物的崛起本就源于社会共识的下降，同时他们又会刻意煽动民意制造分裂以壮大自身实力。移民问题政治化会加剧不同群体与阶层、本土居民与移民、民众与政治精英之间的相互排斥、不信任甚至对立情绪，而这种情绪会使民粹主义进一步发酵，最终形成政治极化的闭环。

（三）移民问题困扰欧洲一体化进程

欧洲一体化进程为欧洲各国的和平、繁荣和国际影响力提供了制度上的支撑。欧洲一体化进程在冷战结束后经历过一段蓬勃发展的时期。1992年，欧洲共同体发展成了联系更加紧密的欧盟，实现了由经济实体向政治经济实体的过渡。1999年，欧洲经济货币联盟成立，成员国实行统一货币政策，并正式启用欧元。2004年、2007年和2013年，欧盟三次东扩，中东欧16国中已有11个加入了欧盟，欧盟成员国也从1993年成立之初的12个增加到27个。然而，较快的发展进程也给欧盟内部带来了明显的不平衡，在遭遇多重挫折之后，欧洲一体化开始进入下行期。虽然说这种逆转是多种因素共同作用的结果，但移民问题在多个领域直接制约着一体化进程。

首先，难民政策加剧成员国之间的摩擦。始于2015年的难民危机虽有显著缓解，但如何妥善安置既有难民及制定什么样的难民政策，仍然是摆在欧盟及各成员国面前的难题。围绕难民问题，欧盟各成员国基于自身利益组成三大阵营。第一阵营是主导欧盟移民政策并作为难民迁移主要目的地的德、法、英①和挪威、瑞典、芬兰等北欧国家，希望欧盟作为一个团结的整体来应对难民问题，希望从欧洲层面解决难民危机，即各成员国要承担起应有的责任，按照一定比例分摊难民。然而，作为难民最大接收国的德国单方面关闭了边界，以此向欧盟其他国家施压，要求设定欧盟各国接收难民的数额。第二阵营是作为难民主要登陆地的意大利、希腊等欧盟南部国家。按照相关规定，难民首次入境国需要承担安置、资格审查等一系列工作，这给其本就困难的经济尤其是财政带来巨大挑战。这些国家迫于难民压力而希望加强边境管控并尽快落实难民分摊。同时，它们抱怨其他国家缺乏团结互助精神，以及拒绝难民入境或引导难民二次迁移的做法，也使矛盾公开化。第三阵营包括那些既不是主要过境国也不是主要目的国的中东欧国家，如波兰、匈牙利、捷克、奥地利等。它们主张打击非法移民，同时认为难民接收不符合本国利益与传统，不愿意承担过多责任，公开反对接收难民和按照配额强制分摊难民的政策。虽然欧盟在德、法主导下以压倒性优势通过了具有强制性的难民分配方案，且由于经济和人口规模的差异，匈牙利、捷克、波兰和斯洛伐克分摊的难民数量远远低于德国和法国。即便如此，东欧国家也自觉无力承担且不愿承担。因此，维谢格拉德集团成员国匈牙利、捷克、波兰和斯洛伐克单独召开了会议，并发表声明，拒绝接受欧盟提出的重新分配安置12万名难民的方案，认为这是德国在难民危机上的"道德帝国主义"，是一种"欺凌"行为。欧盟的态度则是"你不能一边要求欧洲支援，一边拒绝欧洲的团结要求"。为反制这种"拒绝团结"的做法，西欧国家主导的欧盟采取暂停援助的方式以迫使中东欧成员国执行有关方案，并按照国内生产总值的0.002%的金额对拒绝执行该方案的成员国处以

---

① 虽然英国已经"脱欧"，但在难民危机爆发时，英国仍然是欧盟成员国。

罚款。

本意为维护欧盟内部团结、共同应对难民危机而制定的难民分摊方案，虽因强制投票通过而具备了一定法律效力，但也造成了巨大的民主赤字。失败的配额政策不仅未能弥合成员国之间的分歧，反而使各成员国因不同立场而走向公开对抗。这进一步暴露出欧盟政治无力、内部共识下降、裂痕逐渐加大的现实，成员国间的指责和推诿强化了欧盟内部离心力。

其次，移民竞争促使英国"脱欧"。欧盟前期的有效整合很大程度上依赖于初始成员国在经济水平、政治制度和历史文化方面的相似性。然而，三次东扩行动使得欧盟内部在社会发展阶段和经济发展水平上产生了明显的东西差距。比如，2020年，卢森堡的最低工资标准为2257欧元，爱尔兰、荷兰的最低工资标准都在1725欧元以上，法国和德国在1600欧元左右，而2007年加入欧盟的保加利亚最低工资标准仅为332欧元，拉脱维亚和罗马尼亚在500欧元左右。成员国不仅在工资水平上存在差距，社会福利也因经济发展水平不同而很不均衡。因此，在对更高收入和更好生活环境需求的驱使下，人口由相对落后的中东欧向较为发达的老成员国流动。英国不是申根成员国，且设定了一定的移民壁垒，但因为较高的经济水平和较大的就业市场容量而成为移民首选目的国之一。如表5-3所示，仅在2013—2017年间，就有130多万欧盟其他成员国的人口流入英国，约占欧盟内部移民的15%。

表5-3 英国移民流入数量及占欧盟总体移民流入比重　　（单位：人，%）

	2013年	2014年	2015年	2016年	2017年	总计
英国	219 669	286 821	295 285	272 536	260 658	1 334 969
欧盟	1 707 762	1 835 740	1 881 327	1 832 535	1 886 958	9 144 322
占比	12.86	15.62	15.70	14.87	13.81	14.60

资料来源：苏丽锋、高东燕：《欧盟内部移民流动特征与就业质量研究》，载《中国人口科学》，2019年第5期，第56—68页。

除了欧盟内部移民之外，英国在中东难民危机期间迫于舆论压力和欧盟压力也接收了相当数量的难民。比如，2014年，英国为14 065名难民提供了避难保护，并在2015年欧洲难民危机加剧时承诺将在今后五年内接收两万名叙利亚难民。同时，欧盟内部实行人员自由流动，许多难民经由其他国家进入欧盟，然后再进入英国，再加上屡禁不止的偷渡现象，造成大量难民涌入英国。多种类型移民对英国社会造成广泛的消极影响。例如，入境且获得难民身份的叙利亚人立即可以享受公费住房、医疗、教育等福利，并从入境第一天起就享有工作权利。为应对难民入境问题及分摊欧盟层面的难民支出，英国政府每年都要支出大笔财政资金，仅2015年一年，这笔财政支出就高达57亿欧元。而上文提到的包括难民在内的移民所造成的文化冲突、社会治安变差、恐怖主义蔓延等问题，同样在英国有所表现。因此，过多的外来移民引起英国多数民众的焦虑和不满，以致"移民"逐渐超越"经济"成为英国民众最关注的问题。一方面，英国社会把对难民的不满归咎于欧盟，激化了人们的疑欧情绪。[①] 另一方面，由于担心继续留在欧盟将很难保证移民政策的独立性，进而无法控制来自欧洲大陆的移民和欧盟层面的难民摊派，近四分之三的具有反移民情绪的英国民众投票支持"脱欧"。[②] 英国"脱欧"使欧洲一体化进程遭受重大挫折。

最后，极右翼势力阻碍一体化进程。反移民和反欧盟是欧洲极右翼势力的一体两面，凭借移民问题而壮大的极右翼力量势必对欧洲一体化进程造成阻碍。在欧盟层面，随着《里斯本条约》生效，欧洲议会的权力得到强化，成为决定欧盟一体化进程的一支重要力量。而在欧洲议会选举当中，反欧和极右翼势力异军突起，在2014年获得近129个席位。在2019年的欧洲议会选举中，民粹型政党和极右翼政党

[①] 曾范敬：《英国移民现状及脱欧后移民政策的新变化》，载《世界民族》，2021年第4期，第37—52页。

[②] 刘旭东：《移民影响英国脱欧的内在机制论析》，载《世界民族》，2019年第3期，第57—68页。

组成的"民族和自由欧洲"赢得58个席位,比上届增加18席,欧洲自由和直接民主党获得了54个席位,右翼势力总共占据171个席位。虽然现有议会格局尚不足以对欧洲一体化构成威胁,但极右翼势力宣称"要共同重建一个新的欧洲"的决心还是给欧洲一体化增加了不确定性。在成员国层面,极右翼势力已经进入议会甚至上台执政,也增加了将反欧主张上升为现实政策的可能。比如,在英国独立党成功实践了"脱欧"的政治诉求后,法国、荷兰、瑞典和丹麦的极右翼领导人立刻呼吁本国举行类似的公投,并承诺如果能上台执政将启动"脱欧"议程。另外,极右翼政党快速崛起的背后是民众对欧盟机构官僚化和权力过大的不满。民选的欧洲议会与官僚化的欧洲理事会之间、欧盟和各成员国之间存在的民主赤字,在制定欧盟移民政策中逐渐显化,也会加剧民众对欧盟的怀疑。选民变化和极右翼势力的攻击,将会迫使主流执政党对欧盟和欧洲一体化的态度趋向保守。比如,2018年在德国巴伐利亚州选举前,基社盟就附和了德国选择党提出的许多强硬移民政策。然而,基社盟非但没有获得理想的得票率,反倒丢失了原有选民基础,使得德国选择党进一步壮大,第一次有机会进入巴伐利亚州议会,在德国16个联邦州议会中的15个拥有一席之地。

(四)人口国际迁移加剧全球不平等

人口国际迁移现象既是全球发展不平衡的重要特征和真实结果,也会成为一种"机制",在很大程度上固化这种不平等格局。移民过程中产生的资源由落后地区向发达地区的转移,会严重削弱落后地区的经济增长潜力,危害社会稳定,乃至出现"失败国家"的问题。理论上由人口国际迁移现象所形成的"三赢"局面,即移民本身、移民输出国和移民接收国都能够享受人口国际迁移的红利,在现实中难以实现。

人口国际迁移,特别是国际劳务移民,本身就源于地区或国别之间的经济不平等。当今世界存在巨大的收入差距,按照国际货币基金组织估计,2010年,卡塔尔的人均国民收入为88 559美元,排名世界第一，而刚果（金）人均国民收入仅为 328 美元，为全球最低。270 倍的差距使得卡塔尔人均一天半的收入相当于刚果（金）人均一年的收入。并且，这种差距并未随着时间的推移而有所改善，全球仍然处在贫富差距悬殊的格局下。如此，通过向外迁移来提高收入、改善生活也就成为落后地区人们的选择之一，大规模的移民现象也就不足为奇。不过，常规对外移民现象和国家经济发展水平并非线性相关，因为移民涉及相当高的成本和风险，那些最不发达国家的居民移民能力有限。国际移民主要来自印度、墨西哥、土耳其、菲律宾等具有一定发展潜力的国家。那么，上述国家向较发达经济体的大规模移民，还有向那些比较落后地区的小规模技术移民，能够缓解全球不平等吗？新古典经济理论认为，移民确实具有促进全球收入趋同、减少不平等的作用。因此，越来越多的经济学家和政策制定者主张放宽移民政策，认为移民现象有助于输出国的发展，是保护落后地区人权的重要途径。[①] 对于这一观点的关键支撑依据是移民创造的侨汇支持了原籍国的建设与发展。

事实证明，与外国直接投资和发展援助等形式相比，国际移民创造的侨汇具有波动较小的优势，是移民输出国可靠的创汇方式，是维持国际收支平衡的重要保障。国际汇款保持了长期增长的整体趋势，从 2000 年的 1280 亿美元上升到 2019 年的 7190 亿美元，2020 年受新冠肺炎疫情影响而略有下降，为 7020 亿美元。国际汇款中约有 5400 亿美元流向了低收入和中等收入国家，占比为 76.92%，这一数据远远超过了官方援助水平。在国家层面，这些国际汇款可以转化为国家外汇，用于购买经济建设所需要的先进技术、设备和服务，以及提升国民生活水平的药品和食物。国际汇款对移民个人和家庭层面减贫和提升生活品质的作用更加明显。相关研究表明，国际汇款不容易受政治变动的影响，通常流向最需要资本的落后地区。与大型官方援助或发

---

① Tanja Bastia, *Migration and Inequality*, London: Routledge, 2013.

展计划相比，国际汇款是一种更有效的收入再分配工具。一些研究表明，国际移民具有较高的原籍国投资倾向，侨汇使移民及其家庭能够投资农业或私营企业，获得更高收益。①

不过，人口国际迁移也在更大的视角上加剧了世界不平等。新自由主义所倡导的全球化为贫穷国家实现经济高速增长提供了可能，但实际情况则是全球化进一步加剧了国家之间的不平等。作为全球化进程中重要一环的国际移民，无法扭转新自由主义全球化所固有的加剧国家间不平等的趋势。② 外来移民已经成为发达国家劳动力的重要组成部分，在多个层面支持接收国从人口国际迁移中受益。与此同时，人口的流失在相应层面制约着移民输出国的发展。首先，发达国家利用经济、科技、文化等全方位优势制定高端人才引进计划。名义上是开放性的国际移民政策，实际上却是对其他国家，尤其是与自身实力差距较大的落后国家的"人才掠夺"。举例来看，美国硅谷科技公司中有三分之一以上的软件工程师都是印度人或者印度裔，而高级人才中的印度裔占比在30%以上。谷歌、微软、IBM、思科、推特、闪迪等耳熟能详的大型跨国科技集团的首席执行官都是或曾是印度裔，而约有15%的初创科技企业是由印度人组建的。可以说，印度裔移民已经成为支撑美国科技进步的重要力量。造成这一现象的重要原因就是，印度"精英式"教育所培养的高端科技人才成为美国的定点吸纳对象。在美国，一个程序员的平均年薪超过七万美元。在印度，这样的程序员一年只有1.25万美元薪酬。差距十分明显的经济收入和相对宽松的社会环境成为美国成功吸纳印度高端人才的重要原因。印度的精英教育本质上是在给美国做嫁衣。在美国发放的H-1B特殊专业人员临时工作签证里，印度裔常年保持在三分之二的签发量水平。这种现象并

---

① Hein de Haas, "International Migration, Remittances and Development: Myths and Facts", *Third World Quarterly*, Vol. 26, No. 8, 2005, pp. 1269-1284.

② Stephen Castles, "Can Migration be an Instrument for Reducing Inequality?", https://citeseerx.ist.psu.edu/viewdoc/download;jsessionid=7A436104C403CBBEB77340F26144bef3? DOI=/0.1.1.689.3153&rep=repl&type=pdf.

非个例，发展中国家长期被发达国家"人才掠夺"，已经成为阻碍发展中国家发展的重要因素，甚至同属发达国家的日本，也面临着严重的人才流失问题。

其次，除了高端人才外，训练有素的技能人才同样是发达国家青睐的对象。以广受欢迎的医务工作者为例。英国国家医疗服务体系长期依赖来自亚洲、非洲和加勒比地区的医生和护士。据相关统计，英格兰140家急救医院中，四分之三的医院因为注册护士短缺而总计招聘了5778名外籍注册护士，占医院护士总数的81%。2013年，英国每五名国家医疗服务体系医院新增护士中就有四人来自海外。2017年年末，英国卫生官员表示，为解决护工短缺问题，英国国家医疗服务体系将招募来自印度和菲律宾的5500名护士。除了用远高于原籍国的薪水（年薪大约三万英镑）来招募外，英国还改革了入籍积分体系，以便更广泛地吸引技能人才。一些国家，如菲律宾，有计划地开展护理专业的职业教育，其目的就是劳务输出以便创汇。针对这一现象，英格兰健康教育中心首席执行官伊恩·卡明教授称："我们不是在剥夺一个国家的宝贵资源，而是让人们在特定的时期内来英国工作，一方面帮助我们解决员工短缺的问题，另一方面自身也学会如何赚钱，并把劳动成果带回他们的祖国。"这种观点忽视了技能人才原籍国的需求。印度和菲律宾等亚洲国家，或马拉维和肯尼亚等非洲国家，相较于英国更缺乏医务人员，大量训练有素的医务人员被招聘到发达国家，加剧了人才原籍国自身的医护人员紧缺。而德国和澳大利亚更是鼓励在其国内获得资格证书的留学生留下来，而在此之前则要求他们必须回国。[1]

最后，即使是低技能移民，因其不仅能够弥补老龄化造成的劳动力短缺问题，还可以从事低端工作以弥合失业和劳动力短缺并存的结构性问题，同样被发达国家有计划地接收。虽然发达国家存在产业空

---

[1] Stephen Castles, "Can Migration be an Instrument for Reducing Inequality?", https://citeseerx.ist.psu.edu/viewdoc/download;jsessionid=7A436104C403CBBEB77340F26144bef3? DOI=/0.1.1.689.3153&rep=repl&type=pdf.

心化现象，但仍然需要一定数量的工人从事制造业当中的"肮脏、困难和危险"（3-D）的工作，以及建筑和低端服务行业。因为发达国家的本土民众对上述工作的就业意愿并不强烈，招募外籍劳动力也就成为可行选择之一。这种情况在欧盟、美国和阿拉伯地区非常普遍，只是移民类型存在差异。而对于移民输出国来说，即便移民输出具有减轻人口压力的功效，但无法弥补那些最具效率、价值的劳动力流失带来的损失，这主要体现在农业和手工业上。相关经验证明，大规模移民不仅未能促进输出国的发展，反倒破坏了其发展潜力。[1]

国际汇款虽是促进落后地区发展的重要动力，却也存在一定政治风险。目前，一些国家高度依赖国际汇款，已经有29个国家国际汇款占国内生产总值的比例超过10%。2020年，汇款接收占国内生产总值的比例排名前五位的国家是汤加（37.7%）、索马里（35.3%）、黎巴嫩（32.9%）、南苏丹（29.5%）和吉尔吉斯斯坦（29.4%）。严重依赖国际汇款可能会在汇款接收国培养一种依赖文化，降低劳动参与率，阻碍经济增长。过分依赖国际汇款也会使经济更容易受到国际汇款收入突然变化的影响。而限制国际劳务移民的签证，还会成为部分国家进行政治讹诈的手段。

（五）难民二次迁移造成过境国与目的国之间的矛盾

就业机会、社会环境、难民政策相对友好的西方发达国家成为部分难民的首选，造成难民过境国或中转国与目的国之间的矛盾。客观来说，大规模的难民入境会造成多个维度的社会问题，并不被每个国家所乐见。那么，如若处理不好边境管控、收容补偿，或部分国家甚至以难民为筹码牟取政治利益的问题，难民的二次迁移就会加剧过境国与目的国之间的紧张局势。目前，以叙利亚难民为主的中东、北非难民，形成了多条进入欧盟的迁移通道，在造成难民危机的同时，也

---

[1] H. Rubenstein, "Migration, Development and Remittances in Rural Mexico", *International Migration*, Vol. 30, No. 2, 1992, pp. 127-154.

对欧盟与部分难民中转国——如土耳其、白俄罗斯——之间的关系造成了困扰。本节以欧盟与土耳其、欧盟与白俄罗斯在处理难民过境过程中的分歧、矛盾和斗争为例，具体讨论难民二次迁移如何加剧过境国与目的国之间的矛盾。

停留在土耳其境内、意图进入欧盟的大批难民在很长时间内成为影响欧盟与土耳其双边关系的重要因素。土耳其对叙利亚难民的态度经历了从"开门"政策到"有限开放"政策的转变，表现出逐步收紧的特征，但还是接收了绝大多数的叙利亚难民。根据相关统计，截至2021年1月13日，土耳其实时接收难民3 643 704人。超大规模的难民给土耳其的国民经济、政府财政和社会治安等多个方面带来了严峻挑战。一方面，虽然联合国在土耳其境内设置了难民营，但由于难民营内生活环境较差，只有极少数（不足5%）难民生活其中，其他人则流入土耳其社会。这些人的救助工作需要土耳其政府承担大部分的支出，而这对于本就受经济危机困扰的土耳其而言无异于雪上加霜。另一方面，对难民的救助在一定程度上挤压了本国居民的福利，同时流散街头的难民也对社会治安造成冲击，难民迁入还使恐怖分子更加容易进行伪装并乘虚而入。因此，土耳其国民对难民持一定的排斥态度。部分生活在土耳其的难民也有着类似的想法，因为欧洲生活水平更高且一度更加欢迎他们。

欧盟对中东难民在开始时持一种比较开放的态度，更多从人道主义角度出发来制定难民接收政策。比如，德国政府早在2013年就已启动接纳叙利亚难民的计划，该计划规定叙利亚难民可获得为期两年并可延期的临时居住许可，且在七年后有资格申请永久居留。此后，德国出于多种因素的考量，在一段时间内施行了"上不封顶"的难民接收政策，导致大量难民通过土耳其涌入德国，仅在2015年8月至10月初，就有约57万难民抵达德国。在这个过程中，土耳其作为难民向欧盟迁移的中转站，在难民甄别、救助和安置等工作上给予德国必要的缓冲。相对而言，两国在难民问题上有着较多的共同立场，关系相对协调。然而，欧盟难以在短时间内有效安置和消化如此规模的难民，不仅使成员国遭受难民危机，更使欧盟内部因难民分配问题而形成巨大张力，影响了至关重要的内部团结。因此，德国的难民政策开始从"上不封顶"转向"设置上限"，进而加强边境管控。德国还计划以稳定的外围形势缓解难民大规模涌入的势头，即要求那些难民过境国或欧盟周边国家切实履行难民管控的责任，而不是不负责任地把难民推向欧洲。正是在上述背景下，欧盟和土耳其基于立场和利益的差异，在如何处理难民的问题上产生了明显分歧，并演化出一系列矛盾与冲突，加剧了地区不稳定。

当中东难民在欧盟不再受欢迎时，能够控制难民迁移的土耳其政府有意把难民作为同欧盟博弈的筹码。这一现象在《欧盟土耳其协约》的谈判与执行过程中表现得淋漓尽致。在协议谈判过程中，土耳其有意利用难民问题扩大自身权益，不仅要求将欧盟提供的难民援助款由10亿欧元提高到30亿欧元，更是把加强难民管控和非法移民遣返等问题同土、欧公民免签（签证自由化）和土耳其加入欧盟捆绑在一起，务求实现加入欧盟的政治目标。而以德国为代表的欧盟国家虽对土耳其的要求不满，但由于土耳其在收容难民、缓解欧盟难民压力方面的作用，也表现出合作态度。虽然《欧盟土耳其协约》在利益互换的基础上得以签订，但在执行阶段，双方的分歧日益凸显乃至激化，与难民管控和安置相捆绑但表面上"与难民治理无关"的问题，成为影响土、欧双边关系的"拦路虎"。具体来看，欧盟因土耳其未能如期修改反恐法而推迟向后者提供免签时间表。土耳其则强硬回应称，若欧盟两个月后仍拒绝免签，土耳其将中止履行协议。德国则认为土耳其执行"72项条件"是实行签证自由化的前提。在此期间，2016年7月，土耳其国内发生未遂军事政变，德国及其他一些欧盟国家坚决反对土耳其政府"镇压"反对派和恢复死刑计划。同年11月，欧洲议会通过决议，以土耳其政府在未遂军事政变后采取"不相称的镇压措施"为由，决定暂停其入盟谈判。土、欧双方再次以撕毁协议和剥夺免签自由相互要挟。因双方无法妥协，土耳其签证自由和入盟问题被无限期搁置。在援助资金上，双方也存在很大分歧。土耳其认为欧盟援助金额仅到账半数，远不够保障难民治理的支出，遂拒绝接受欧盟增援，同时不再履行管控责任。随着叙利亚伊德利卜地区局势恶化，土耳其政府公开宣布，因无法应对新一轮难民潮，土将为叙利亚难民进入欧洲永久敞开大门。德国则批评土耳其为了政治目的而牺牲难民利益。总之，由于与难民治理捆绑的相关政治问题得不到妥善解决，土、欧双边关系陷入长期僵局，甚至引发了双交关系的紧张。[①]

类似的难民管控矛盾也发生在白俄罗斯与欧盟关系中，尤其是白俄罗斯与立陶宛、波兰之间。从白俄罗斯入境欧盟是继陆上土耳其路线和地中海路线之后发展出的第三条路线，这条路线难民流动规模较小。然而，随着前两条路线的管控力度逐年加强，加之部分中东国家航空公司的协助，比如，土耳其航空公司在2021年11月以每天两班航班将来自伊拉克、叙利亚和阿富汗等地的难民从伊斯坦布尔送往白俄罗斯首都明斯克，迪拜航空也在做着类似的事情，因此，每天约有800—1000名主要来自中东的难民抵达白俄罗斯。由于白俄罗斯并不是目的国，难民通常只是稍作停留便准备向波兰、立陶宛和拉脱维亚继续迁移，白俄罗斯军队甚至每天都会"护送"近1000名难民到达白波边界。波兰方面则从2021年11月10日开始在边境实行紧急状态，并在边境部署上万军队，阻止难民入境，造成大批难民滞留在波白边境，形成难民危机。

对于边境难民危机的形成，白俄罗斯和欧盟彼此指责发难。白俄罗斯认为，西方国家是难民危机的始作俑者，理应承担接收难民的义务；欧盟对白俄罗斯的经济制裁使其"无钱也无力"限制非法移民涌入欧盟国家。欧盟则声称，白俄罗斯是边境难民危机的"幕后黑手"，组织了难民流动，意在借难民向欧盟施压。在边境难民危机之前，欧

[①] 田小惠：《应对叙利亚难民危机：土耳其与德国的政策分野及博弈》，载《西亚非洲》，2021年第2期，第141—160页。

盟与白俄罗斯关系已经恶化。波罗的海三国和波兰指责白俄罗斯选举舞弊和卢卡申科总统独裁，并支持白俄罗斯反对派，要求欧盟加大对白俄罗斯的介入力度，使得白俄罗斯与欧盟矛盾公开化。2021年的"瑞安航空事件"导致欧盟与白俄罗斯的关系进一步恶化。这是边境难民危机爆发的一个关键背景，而边境难民危机则使原有矛盾升级，推动双方进一步走向敌对，加剧地区紧张局势。

美国与墨西哥之间也存在大量非法移民问题，引发两国间相互指责。比如，2022年，美国得克萨斯州圣安东尼奥发生非法移民死亡事件后，墨西哥总统斥责美国境内缺乏管制。特朗普在任期间，多次向墨西哥政府发出"严厉"警告：如果墨西哥政府再不解决非法移民问题，就要关闭美墨边界。

总之，移民迁移特别是难民入境和非法移民问题，已经成为相邻国家间潜在冲突的重要来源。如果处理不当，不仅干扰邻国关系，而且易加剧地区紧张局势。

结　语

人口转变进程的持续深化和扩展，使得全球人口结构越来越复杂化，"结构"已经超越"数量"成为影响政治系统的关键人口变量。受其影响的政治系统也在加速变化当中，并出现了一些多以负面影响为主的政治现象，比如民众分歧扩大、政治极化加剧、民粹主义崛起、民主机能失调、国家关系受损等。虽然这些新的政治现实的出现受多方面因素共同驱动，但作为底层要素的人口结构性变迁，使得选民结构、意识结构和政党结构发生相应变化，而政治和经济政策未能及时调整，是导致互为表里的政治新现实扎堆出现的原因之一。如此，本书在人口政治学基础上进一步聚焦，系统分析人口结构变迁如何通过诸多中介变量传导至政治系统的作用机理，回答在人口结构持续变迁的背景下各国政治意识、政治过程、政治行为和政治格局如何发生变化这一问题，既是对人口政治学研究的深化，也是认识并应对政治现实与挑战的需要。

为此，本书从逻辑起点、研究对象、研究体系和研究方法等学科范式构成要素出发，尝试构建人口结构的政治效应分析范式。它以"理性经济人假设"为逻辑起点，把人口结构变迁与新的政治现实作为因果关系加以研究。其内在逻辑是人口结构变迁必然导致选票结构、政治力量结构、政治形态结构、意识形态结构和相关的社会资源分配格局发生相应改变。这个变化既需要一定的政治系统来保障实现，也作为一种变量影响政治系统的调整，这个调整的过程就是人口结构变迁影响政治系统的过程。在这个过程中，人口结构变迁所推动的政治结构变迁会通过议会政治、政党政治、街头政治、利益集团院外活动、竞争选举乃至暴力行动等多尺度中介变量传导至政治系统，形成相应的政治现实。总的来说，人口结构变迁反映的是人口结构政治，是由人口结构变迁的政治效应导致政治偏好格局发生改变而产生的，也是在人口结构变迁通过相关机制传导至政治系统后形成的，同时也表现为一种人口因素的政治功能结构体系，其核心含义是人口结构的政治功能性。

世界人口结构变迁是一个多维发展的进程，不仅局限于本书所提到的人口老龄化、"青年膨胀"和人口国际迁移三个方面。比如，一个社会阶层结构是金字塔型、纺锤型还是漏斗型，直接关系到这个社会的政治局势走向。只不过，人口阶层结构本身就是政治学研究的主要落脚点之一，已经有着相当体量且成熟的研究成果，本书不再赘述。同时，人口老龄化、"青年膨胀"和人口国际迁移是具有全球普遍性且能够深刻重塑政治系统的人口结构变迁形态。三者自身特征及其所带动的其他人口属性变化基本能够覆盖世界人口发展趋势。比如，老龄成本激增所促成的主权债务危机不可避免地导致希腊出现了一定程度的"中产滑落"现象，部分老年人因退休金大幅削减而步入贫困，使得社会结构由纺锤型向金字塔型过渡。

世界人口结构变迁并不是一个割裂的过程，人口老龄化、"青年膨胀"和人口国际迁移在全球政治经济大格局下有着非常强的联系。通常情况下，发达地区或经济发展较快地区人口结构呈老龄化特征，而欠发达或落后地区仍然停留在人口转变进程早期阶段，甚至还未发生人口转变，较高的出生率使其拥有大比重的青年人口。这种差异作为牵拉机制之一促成人口国际迁移。美国与墨西哥之间形成的人口"迁移走廊"就是上述联系的典型例子。此外，人口老龄化、"青年膨胀"

和人口国际迁移三者的政治效应，在多数情况下并不冲突，同一社会可能同时存在。正如第四章所述，英、法、美三国虽然是老龄化程度比较高的国家，青年比重并不高，但同样会爆发以青年群体为主的、伴有暴力违法事件的抗议游行。反之，那些存在"青年膨胀"的国家，老龄化程度并不高，但也存在老年群体集中分布的情况。如果面向这些人的公共服务不到位，同样会产生不良的政治影响。比如，墨西哥在2017年才迈入老龄化社会，但由于没有完善的全民养老金和全民医保体系，如何养老成为困扰政府、家庭和社会的共同难题。总之，不同维度的人口结构因素共振会使其政治效应越发复杂。

人口结构变迁是社会发展的镜面反映，人口老龄化、"青年膨胀"和人口国际迁移都是社会发展到一定阶段的产物。因此，我们要正确看待人口结构变迁，即使目前一些负面的政治现象与人口结构变迁有着很大关系，也不能过分夸大人口结构变迁的负面效应。本书认为，出现不同寻常的政治现象的根本原因在于，西方民主政治走了一条"祛价值而重事实"的路子，相关制度成为精英攫取权力的工具。那么，原本具有包容性和制度韧性的民主制度会逐渐僵化，成为一套着眼于权力分配、制衡和竞争的规则、程序和制度，不能很好地适应人口结构变迁，更难以妥善处理人口结构变迁过程中的社会问题。如此，才使得与人口结构变迁相关的政治现象出现了负面性。总之，人口结构变迁的政治效应不能被妖魔化，也不是决定论。